essentials

essentials liefern aktuelles Wissen in konzentrierter Form. Die Essenz dessen, worauf es als „State-of-the-Art" in der gegenwärtigen Fachdiskussion oder in der Praxis ankommt. *essentials* informieren schnell, unkompliziert und verständlich

- als Einführung in ein aktuelles Thema aus Ihrem Fachgebiet
- als Einstieg in ein für Sie noch unbekanntes Themenfeld
- als Einblick, um zum Thema mitreden zu können

Die Bücher in elektronischer und gedruckter Form bringen das Expertenwissen von Springer-Fachautoren kompakt zur Darstellung. Sie sind besonders für die Nutzung als eBook auf Tablet-PCs, eBook-Readern und Smartphones geeignet. *essentials:* Wissensbausteine aus den Wirtschafts-, Sozial- und Geisteswissenschaften, aus Technik und Naturwissenschaften sowie aus Medizin, Psychologie und Gesundheitsberufen. Von renommierten Autoren aller Springer-Verlagsmarken.

Weitere Bände in der Reihe http://www.springer.com/series/13088

Erwin Hoffmann

Systemisches Arbeiten für Kulturmanager

Praxis Kulturmanagement

 Springer VS

Erwin Hoffmann
Düsseldorf, Deutschland

ISSN 2197-6708   ISSN 2197-6716   (electronic)
essentials
ISBN 978-3-658-23732-5   ISBN 978-3-658-23733-2   (eBook)
https://doi.org/10.1007/978-3-658-23733-2

Die Deutsche Nationalbibliothek verzeichnet diese Publikation in der Deutschen Nationalbiblio-
grafie; detaillierte bibliografische Daten sind im Internet über http://dnb.d-nb.de abrufbar.

Springer VS

Springer VS ist ein Imprint der eingetragenen Gesellschaft Springer Fachmedien Wiesbaden
GmbH und ist ein Teil von Springer Nature
Die Anschrift der Gesellschaft ist: Abraham-Lincoln-Str. 46, 65189 Wiesbaden, Germany

Was Sie in diesem *essential* finden können

- Einen Einblick in die sich laufend verändernden systemischen Abhängigkeiten kultureller Betriebe
- Konkrete Instrumente, die das Arbeiten in systemischen Zusammenhängen erleichtern
- Hinweise dazu, welche Kompetenzen (angehende) systemisch arbeitende Kulturmanager und Kulturmanagerinnen besitzen sollten, bzw. wie diese ausgebildet werden können.

Inhaltsverzeichnis

Einleitung

1

Die Kultur in Deutschland wächst: Die kulturellen Angebote und die Zahl der Kulturbetriebe steigen. Nach Haselbach et al. haben sich zwischen 1977 und 2012 die Zahlen der Volkshochschulen versechsfacht, die der öffentlichen Bibliotheken versiebenfacht und die der Musikschulen verachtfacht. Bei den Museen wird eine Steigerung auf das Sieben- bis Zehnfache angenommen (Haselbach et al. 2012, S. 16). Der Monitoringbericht Kultur und Kreativwirtschaft 2017 berichtet darüber, dass die Zahl der sozialversicherungspflichtig Beschäftigten in der deutschen Kultur- und Kreativwirtschaft im Jahr 2016 um 3,5 % auf 864.000 Beschäftigte angestiegen sei. In der Kultur- und Kreativwirtschaft wurden in den vorausgegangenen vier Jahren annähernd 100.000 neue sozialversicherungspflichtige Arbeitsplätze geschaffen. Rechne man die rund 253.200 Selbstständigen zu den sozialversicherungspflichtig Beschäftigten hinzu, ergebe sich in der Kultur- und Kreativwirtschaft im Jahr 2016 eine Zahl von rund 1.117.000 Kernerwerbstätigen. Dies entspräche einem Zuwachs von fast drei Prozent im Vergleich zum Jahr 2015 (Bundesministerium für Wirtschaft und Energie [BMWi] 2017, S. 5).

Die Kulturbranche wächst also und die Kulturbetriebe werden immer zahlreicher: Umso mehr ist für diese Kulturbetriebe – auch hinsichtlich der weiterwachsenden „Kulturkonkurrenz" – ein professionelles Management notwendig – auch um sich (innovativ) abzuheben. In ihrer Polemik „Der Kulturinfarkt" schreiben Haselbach et al.: „Überall das Gleiche: Der Vormarsch der geförderten Kultur, der Jurys, Experten und Kulturmanager produziert nicht Innovation, sondern bürokratisch unterlegte Konformität – Übereinstimmung mit Fördermatrizen, Projektformaten und Kriterien."

Um den Lesefluss des Textes nicht zu unterbrechen, wird durchgängig die männliche Form verwendet. Natürlich wendet sich der Text aber immer an weibliche und männliche Personen.

© Springer Fachmedien Wiesbaden GmbH, ein Teil von Springer Nature 2019
E. Hoffmann, *Systemisches Arbeiten für Kulturmanager*, essentials,
https://doi.org/10.1007/978-3-658-23733-2_1

(Haselbach et al. 2012, S. 12). Welche größere Stadt hat beispielsweise heute nicht auch „ihre Nacht der Museen"? Kritisiert wird vor allem der Strukturkonservatismus im Kulturbereich: In sehr vielen öffentlichen Kultureinrichtungen gehe es mittlerweile bloß noch um ein Management des Vorhandenen. Kraft für Innovationen, für die Erschließung strategischer Potenziale und die Entwicklung von Kooperationen mit neuen Partnern sei kaum noch vorhanden (Haselbach et al. 2012, S. 63).

Kulturmanagement befasst sich mit Managementkonzepten und -handlungen in Kulturbetrieben. Diese Handlungen sind eingebettet in ein systemisches Abhängigkeitsverhältnis von Stakeholdern und unterliegen den sich ständig ändernden Rahmenbedingungen des Kulturbetriebes. Die Einsicht, dass eine gezieltere Beeinflussung von Unternehmen nur über ein besseres Verständnis der Dynamik komplexer sozialer Systeme zu erlangen ist, führt bereits seit geraumer Zeit zu einem hohen Interesse an systemtheoretischen Erkenntnissen. Für eine solche systemische Betrachtung von Kulturbetrieben gilt es insbesondere, das System-Umwelt-Verhältnis zu Zielgruppen und Zielräumen, Bündnisbereichen und Sympathisantenfeldern, zu Förderquellen und Blockierpotenzial, Feinden und Freunden in den Blick zu nehmen. Dieser interessenpluralistische Ansatz hat in der Betriebswirtschaftslehre bereits ein hohes Maß an Anerkennung gefunden, konnte jedoch die in der Praxis geweckten Erfahrungen nur zum Teil einlösen. Nach wie vor fehlt es auch für den Kulturbereich an Handlungsanleitungen, die dem Praktiker den Weg zu einer pluralistischen Orientierung aufzeigen können. Für den Kulturmanager stellt sich daher auch nach wie vor die Frage, welche „Einmischung" aus der Umwelt heraus er für sein eigenes Kulturschaffen zulässt.

Erschwerend kommt seit einigen Jahren hinzu, dass sich die Veränderungsgeschwindigkeit erhöht hat, sodass auch in Kulturbetrieben der (Dauer-) Change zu gelten scheint. Es gilt sich anzupassen, weiterzuentwickeln und immer wieder neue Chancen zu nutzen.

Die bestehenden Herausforderungen erfordern vom Kulturmanager die Übernahme zahlreicher und vielfältiger Aufgaben und Rollen, unter anderem die des „Cybernetes", des Steuermanns, der „seinen" Kulturbetrieb auf Kurs halten soll. Fraglich ist allerdings, ob den Kulturmanagern diese Aufgabe bewusst ist und – darüber hinaus – ob sie für diese Aufgabe ausgebildet sind.

Kulturelle Arbeit – Paradebeispiel für systemische Abhängigkeiten und systemisches Handeln

2

Kulturelle Unternehmen sind soziale Systeme, die sich nach Langholz (2011, S. 18) durch folgende Eigenschaften auszeichnen:

- Offenheit: Sie stehen in ständigem Austausch mit der Umwelt.
- Dynamik: Sie verändern sich permanent, da sich sowohl ihre internen Zustände und Prozesse als auch die Rahmenbedingungen fortwährend ändern.
- Komplexität: Sie unterliegen einer Vielzahl von Einflussfaktoren, wie zum Beispiel den internen und externen Stakeholdern.

Die Umwelt eines sozialen Systems manifestiert sich in gesellschaftlichen, gesamtwirtschaftlichen, ökologischen, rechtlich-/politischen und technologischen Rahmenbedingungen und den sog. Stakeholdern. Dies gilt auch für Kulturbetriebe (siehe Abb. 2.1).

Rahmenbedingungen und Stakeholder haben einen Einfluss auf das Management des Kulturbetriebes, die Zielsetzung und den Grad der Zielerreichung sowie auf die im Kulturbetrieb schaffenden Menschen.

2.1 Rahmenbedingungen

Kulturelle Betriebe befinden sich – wie andere Betriebe auch – in vielerlei Abhängigkeitsverhältnissen. Im Marketingzusammenhang wird von Rahmenbedingungen, Umwelt- oder Einflussfaktoren gesprochen. Dazu zählen:

- Gesellschaftliche Rahmenbedingungen und Wertewandel: Freizeit- und Erlebnisorientierung, Individualisierung, demografische Entwicklung, multikulturelle Entwicklungen, Arbeitslosigkeit, Bildungsniveaus;

© Springer Fachmedien Wiesbaden GmbH, ein Teil von Springer Nature 2019
E. Hoffmann, *Systemisches Arbeiten für Kulturmanager,* essentials,
https://doi.org/10.1007/978-3-658-23733-2_2

Abb. 2.1 Stakeholder-Systemik: Rahmenbedingungen und Stakeholder von (öffentlichen) Kulturbetrieben

- Wirtschaftliche Entwicklungen: Wirtschaftswachstum, Rezession, Kosten-niveau, Globalisierung, neue Märkte, geändertes Kundenverhalten, Arbeits-zeitflexibilisierung;
- Ökologische Rahmenbedingungen: Naturschutz, Nachhaltigkeit, Vermeidung/Reduzierung von Emissionen;
- Politische und rechtliche Veränderungen: Gesetzgebung, kulturpolitische Ziel-setzungen, EU-Gesetzgebung;
- Technologische Entwicklungen: fortschreitende Automatisierung, Schnellig-keit, Kommunikationsnetze, Neue Medien.

2.1.1 Gesellschaftliche Rahmenbedingungen

Bei den gesellschaftlichen Rahmenbedingungen stehen die demografische Ent-wicklung (Bevölkerungszahl, Familiengröße etc.), Veränderungen des Lebens-stils (z. B. mehr Freizeitaktivitäten) sowie kultureller Wandel einschließlich des Wertewandels im Vordergrund. Es geht um längerfristige Entwicklungen der Bevölkerungsstruktur sowie Denk- und Verhaltensweisen in einer Gesellschaft, die Einfluss auf die Kultur, ihre Nutzer und damit auf das Kulturmanagement haben. Insbesondere der Wertewandel spielt eine wichtige Rolle: Auf die gewachsene Bedeutung gesellschaftlicher Werte und Ziele sowie den Trend zur Selbstverwirklichung und Erlebnisorientierung haben die Kulturbetriebe mit zahlreichen veränderten Angeboten reagiert.

2.1.2 Gesamtwirtschaftliche Rahmenbedingungen

Gesamtwirtschaftliche Rahmenbedingungen betreffen die Volkswirtschaft insgesamt. Von Bedeutung sind der Wohlstand einer Volkswirtschaft, ihr Wachstum und ihre internationalen Beziehungen. Steigendes oder sinkendes Einkommen wirkt sich erheblich auf die Märkte für den nicht lebensnotwendigen Bedarf aus (Tourismus, Freizeit, Kultur etc.). Das Marketing von Kulturschaffenden ist vor dem Hintergrund eines wesentlichen Wandels der wirtschaftlichen Bedingungen zu betrachten. Die entscheidenden Einflussfaktoren für diesen Wandel waren und sind:

- die Fragmentierung von Märkten und die Verwischung der (bisherigen) Grenzen zwischen Märkten;
- das Überangebot und die Sättigungserscheinungen in zahlreichen Märkten; auch in der Kultur
- die Internationalisierung und die damit verbundene Intensivierung des Wettbewerbs: „So sei die globale und die Wahrnehmung prägende Kulturindustrie derzeit vor allem in den Händen der Amerikaner, der Japaner, der Koreaner und der Brasilianer." (Haselbach et al. 2012, S. 28)
- der schnelle technische Fortschritt;
- die Ressourcenverknappung und die Rücksichtnahme auf Umweltprobleme;
- die Veränderung der Beziehung zum Kunden und neue Marktchancen durch Veränderung des Lebensstils von Konsumenten.

Die ökonomischen Entwicklungen wirken sich indirekt über die Beziehungen der Stakeholder zu den verantwortlichen Managern kultureller Betriebe aus.

2.1.3 Ökologische Rahmenbedingungen

Die Ökologie hat mit den 80er Jahren einen erheblichen Bedeutungszuwachs erlebt. Die Beschränkungen der Unternehmenstätigkeit durch Rücksichtnahme auf die natürliche Umwelt (z. B. Rohstoffverbrauch, Abfallentstehung, „papierloses

Büro") kann als Reaktion dieser gestiegenen Bedeutung gewertet werden. Für Kulturbetriebe haben ökologische Rahmenbedingungen konkret über die Vorgabe ökologischer Rechtsnormen eine Relevanz. Zu den ökologischen Rahmenbedingungen können für Veranstalter kultureller Events die Auflagen im Bereich des Brandschutzes oder andere allgemeine ordnungsrechtliche Normen, wie z. B. der „Lärmschutz" hinzugezählt werden. Gerade die Nicht-Einhaltung von Vorschriften in Bezug auf Geräusch-Emissionen können zuweilen für ein Kulturevent das plötzliche „Aus" bedeuten, wenn die betroffenen Anwohner durch Einschaltung der Polizei bzw. des Ordnungsamtes „für Ruhe sorgen".

2.1.4 Politische/rechtliche Rahmenbedingungen

Die rechtlichen und politischen Rahmenbedingungen gehen von verschiedenen Institutionen und Organisationen aus. Neben Regierungen und Parlamenten, die Gesetze und Verordnungen bestimmter Bereiche sehr genau regeln, beeinflussen auch nicht staatliche Organisationen (z. B. Verbraucherverbände, Gewerkschaften) das unternehmerische Handeln am Markt. Einige der einschlägigen gesetzlichen Vorschriften und Verordnungen für die Bundesrepublik, die beispielsweise das Marketing einer Unternehmung direkt betreffen, sind das Gesetz gegen Wettbewerbsbeschränkungen, das Gesetz gegen den unlauteren Wettbewerb, das Wettbewerbsgesetz, das Patentgesetz, das Gebrauchsmustergesetz, das Warenzeichengesetz, das Geschmacksmustergesetz, das Bürgerliche Gesetzbuch und die Verordnung zur Regelung der Preisangaben. Für den Kulturbereich gelten aber noch spezielle Rechtsnormen wie das Kulturverfassungsrecht, das Urheberrecht, das Künstlersozialversicherungsrecht und das Steuerrecht für Kulturbetriebe.

2.1.5 Technologische Rahmenbedingungen

Die technologischen Rahmenbedingungen beziehen sich auf technische bzw. naturwissenschaftliche Entwicklungen, die zu neuen Produkten (Problemlösungen) und/oder zu neuen Verfahren der Leistungserstellung führen. Hervorzuheben ist hier die Bedrohung bisheriger Anbieter mit alten Technologien durch die technisch innovativere Konkurrenz. Hinzu kommt der sogenannte Megatrend der Digitalisierung. Kulturanbieter (insbesondere die Vertreter der sogenannten Hochkultur) haben lange davon gelebt, einen Status über ihrem Publikum einzunehmen. Diese Kultur hat sich nicht durch Augenhöhe ausgezeichnet, sondern war überhöht. Sie stand auf Sockeln, auf Bühnen, in imposanten Gebäuden, mit anderen Worten: Sie stand über dem „normalen Volk". Mit dem digitalen Wandel funktioniert diese Art der Beziehung nicht mehr. Im (sozialen) Netz gelten neue Regeln und es gibt eine deutliche Verschiebung von der Macht der Anbieter hin zu einer Macht der Nachfrager. Digitaler Dialog funktioniert eher auf Augenhöhe. Institutionen und ihre Verlautbarungen sind nicht per se akzeptiert. Damit stürmen die Nutzer sozusagen die kulturellen Elfenbeintürme. Das Publikum will mitreden, mitbloggen und mitchatten und Kulturanbieter müssen sich mehr erklären und mehr werben (Haas 2016, o. S.).

2.2   Die Steigerung: Systemische Unwägbarkeiten in der VUCA-Welt

Zu Beginn des dritten Jahrtausends sehen sich auch Kulturbetriebe zunehmend mit komplexen, dynamischen Veränderungen konfrontiert. Auf der einen Seite erfordern die Globalisierung der Märkte, steigender Wettbewerbsdruck und neue Technologien schnelles und flexibles Handeln. Auf der anderen Seite üben gesellschaftliche Veränderungen, wie der Wunsch nach Selbstbestimmung, Partizipation und Persönlichkeitsentfaltung, einen starken Einfluss auf Unternehmen als komplexe, vernetzte Systeme aus. Die Herausforderungen haben sich in der gegenwärtigen „VUCA-Welt" dramatisch erhöht. VUCA steht als Akronym für die Begriffe Volatility, Uncertainty, Complexity und Ambiguity. Volatilität (Volatility) meint dabei die Unbeständigkeit und gleichzeitige Unberechenbarkeit des Organisationsumfeldes bei hoher Veränderungsgeschwindigkeit. Diese Dynamik des Wandels kann enorme Kräfte entfalten und ist oft der Katalysator für radikale Veränderungen und für notwendige Innovationen. Beides sorgt für Unsicherheiten und Ungewissheit (Uncertainty) im Unternehmens- und Arbeitsalltag. Führungskräfte und Mitarbeiter fühlen sich unkontrollierbaren Überrumpelungen ausgeliefert; die Variablen und die kausalen Beziehungen zwischen ihnen können nicht mehr erfasst werden. Die Komplexität (Complexity) ist Ausdruck wachsender systemischer Abhängigkeiten und Unwägbarkeiten. Die zunehmende Internationalisierung wirkt hier auch verstärkend. Es droht der Verlust der Übersicht; Chaos und Verwirrung können entstehen. Die fortschreitende Digitalisierung zeigt neben ihren positiven Aspekten hier auch ihre Schattenseiten: Die schiere Menge an blitzschnell digital generierten und kommunizierten Informationen aus verquickten Systemen (möglicherweise mit dem Anspruch auf ebenso schnellen Response), macht es beinahe unmöglich, diese Informationen sorgfältig zu bewerten, um die richtigen Schlüsse zu ziehen und sachgerechte Entscheidungen zu fällen. Ambivalenz (Ambiguity) wiederum ist das Ergebnis des systemischen Blicks auf unterschiedliche Entscheidungsmöglichkeiten (Multioptionen) und Stakeholderinteressen. Wie soll man sich entscheiden? Was spricht für diese Lösung, was für jene? Soll man den Kundeninteressen entgegenkommen oder doch denen der Förderer? Bei nicht mehr erkennbaren Ursache-Wirkungszusammenhängen, bei Viel- und Mehrdeutigkeiten und kaum nach noch interpretierbaren Informationen wirkt die Realität verwirrend und kaum noch planbar. Hinzu kommen Missverständnisse aus der Vielzahl der Rollen, Aufträge und Schnittstellen, die wiederum zu Fehlinterpretationen führen können.

Zu den Unwägbarkeiten der VUCA-Welt gesellen sich die beiden Megatrends „Demographischer Wandel" und „Wertewandel". Der demografische Wandel wird aller Voraussicht nach zu alternden Belegschaften auch in den Kulturbetrieben auf der einen Seite und zu weiteren Engpässen bei der Mitarbeitergewinnung auf dem Arbeitsmarkt führen. Hier stellen sich herausfordernde Fragen für die Führungskräfte in Unternehmen: Wie sollen sie zukünftig mit Mitarbeitern umgehen, die regelmäßig älter sind als sie selbst? Wie lassen sich die Potenziale der älteren Mitarbeiter immer wieder aktivieren? Wie muss – im Rahmen des betrieblichen Gesundheitsmanagements – dem demografischen Wandel begegnet werden und welche Rolle spielen Führungskräfte hier im Sinne eines Fürsorgeverhaltens gegenüber den Mitarbeitern? Eng verbunden damit ist der stetige Wertewandel. Haben sich die Unternehmen nun langsam an die Wertevorstellungen der sogenannten Generation Y gewöhnt, haben diese integriert und sind auf die besonderen Bedürfnisse (als Mitarbeiter oder Kunden) eingegangen, steht schon die nächste „Generation Z" in den Startlöchern. Es ist allerdings zu beachten, dass nicht alle Unternehmensgrößen und Branchen gleich stark von den oben beschriebenen Veränderungen betroffen sind. Dies gilt im Besonderen auch für kleinere kommunale Kultureinrichtungen. Daher müssen sich alle Maßnahmen im Bereich der Organisationsentwicklung am – zuvor sorgfältig analysierten – konkreten Ist-Zustand des eigenen Unternehmens im je eigenen systemischen Feld und an den gesetzten Unternehmenszielen orientieren.

2.3   Stakeholder

Stakeholder sind Interessenten- oder Anspruchsgruppen eines Unternehmens, die nachdrücklich auf diese Organisation Einfluss zu nehmen suchen. Sie wirken beeinflussend (auf ihr Umfeld, die Organisation und besonders auf die Zielerreichung der Organisation), dynamisch (d. h. sowohl die Interessen und Ansprüche als auch die Einstellung zur Kultureinrichtung können sich rasch ändern) und vernetzt (d. h. die Beziehung der Stakeholder zur Kultureinrichtung darf nicht isoliert betrachtet werden, da sich gerade das Beziehungsgeflecht der Stakeholder auf die Kultureinrichtung auswirkt). Zuweilen bekommt man das Gefühl, dass sich Kulturschaffende in diesem Netz verfangen und sich hoffnungslos ausgeliefert sehen. Dies gilt vor allem für öffentlich-rechtlich verantwortete Kultureinrichtungen. Kulturproduzenten werden hier zuweilen als Verfügungsmasse der Kulturpolitik, als Bittsteller oder als Gegenstand eines mildtätigen Klientelismus wahrgenommen.

Stakeholder stellen andererseits aber auch Ressourcen zur Verfügung, die für den Erfolg des Kulturunternehmens von Bedeutung sind. Sie haben damit ausreichend Einfluss, die Leistung des Unternehmens zu dessen Vorteil oder Nachteil zu beeinflussen. Ausgewogene Beziehungen zwischen dem Kulturunternehmen und seinen Stakeholdern, scheinen daher eine wesentliche Voraussetzung für den nachhaltigen Erfolg zu sein, denn Stakeholder sind Gruppen, die für das Kulturunternehmen entweder ein Risiko tragen und/oder einen speziellen Nutzen bringen.

Kommunale Kulturbetriebe stehen in Beziehung zu einer ganzen Reihe von politischen Teilsystemen (z. B. Stadtentwicklung, Tourismusförderung, kommunale Wirtschaft, Sozialpolitik, Bildungs- und Wirtschaftspolitik). Daneben wirken auch die Medien, die Vertreter des Kulturlebens und andere Meinungsbildner durch ihre Beziehungen in die Kultureinrichtungen hinein. Gerade die Qualitätsvorstellungen in der Kultur werden durch das beschriebene System der Abhängigkeiten stark determiniert: Der Besucher eines Theaterstücks mag völlige andere Vorstellungen über das haben, was eine „gute Aufführung" ausmacht, als die Fachpresse, die Theaterkritiker oder der Intendant. Um sich verwirklichen zu können, sind Kunst und Kultur aber auf diese kommunikativen, sozialen und wirtschaftlichen Systeme angewiesen. Es gehört zu den Aufgaben des Kulturmanagers, dieses Apparatesystem als sein eigenes Terrain zu beherrschen.

Zur Erklärung der Zielsetzungen und Handlungsweisen von Kulturschaffenden und Kulturmanagern und ihrer Abhängigkeit von externen Faktoren bietet es sich an, auf die Systemforschung zurückzugreifen. Sie ist für das Kulturmanagement insbesondere in Bezug auf die Erfolgsfaktoren managerialen Handelns und die systemische Beratung für Kultureinrichtungen wichtig. Dabei ist das Gesamtsystem der modernen Gesellschaft in wiederum zusammengesetzte Teilsysteme – gedankliche und gegenständliche, diese wiederum in natürliche und menschgemachte – differenziert. Jedes System ist mehr als die Summe der Einzelteile, in jedem manifestiert sich eine makroskopische Ordnung, die sich nicht allein aus den im System ablaufenden mikroskopischen Wechselwirkungen und Prozessen herleiten lässt. Systemtheoretisch spricht man hier auch von „offenen" Systemen, also von Systemen, die in irgendeiner Art des Austauschs mit der Umwelt stehen (vor allem auch in Informationsaustausch) und Neuem gegenüber offen sind.

Kulturbetriebe stehen ebenfalls in einem offenen Austausch mit den sie umgebenden Bezugsgruppen, Institutionen und Personen (siehe Abb. 2.2). Sie sind in ein Geflecht von (Geschäfts-) Beziehungen und in ein Netzwerk verschiedener sich gegenseitig beeinflussender Aktionspartner – den Stakeholdern – eingebunden. Künstler und eigene Mitarbeiter sind die internen Stakeholder, mit denen sich ein Kulturmanager auseinandersetzen muss. Hinzu kommen die externen Stakeholder, wie Kunden und Lieferanten. Da Kultureinrichtungen in besonderem Maße im Fokus der Öffentlichkeit stehen – eben, weil sie teilweise öffentlich finanziert werden und einen Bildungs- und Kulturvermittlungsauftrag erfüllen sollen, mischen sich Medien, Politiker oder prominente Personen gerne und regelmäßig in die Arbeit der Kulturbetriebe ein. Aufgrund sich verschärfender finanzieller Rahmenbedingungen müssen zudem Beziehungen zu Sponsoren und Spendern und anderen Geldgebern aufgebaut und gepflegt werden, die wiederum völlig andere Zielsetzungen haben dürften als die Kulturmacher selbst (adhibeo 2016, o. S.).

Die Abb. 2.2 zeigt auf der einen Seite die Beziehungen zu externen Stakeholdern. Diese unvollständige Aufzählung umfasst nur die Gruppen, die für den Kulturschaffenden die auf den ersten Blick „bedeutungsvollen Anderen" sind (Aulinger 1992, S. 82). Es müssen aber grundsätzlich auch alle anderen Gruppen und Personen in die systemische Betrachtung einbezogen werden, die in irgendeiner Weise das Kulturschaffen und die Resultate dieses Schaffens und damit gleichzeitig seine Qualität beeinflussen.

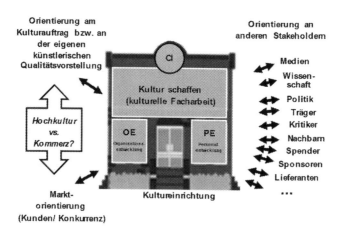

Abb. 2.2 Systemische Problematik im Kulturmanagement

Einteilung der Stakeholder

Klein (2001, S. 16 f.) teilt Stakeholder am Beispiel „Theater" in fünf Kategorien ein:

- Input-Gruppen: Personen, Gruppen und Institutionen, die der Organisation Ressourcen wie Geld, Zeit, Arbeit oder moralische und ideelle Unterstützung bereitstellen, wie die Lieferanten aus der Wirtschaft (Stoff für Kostüme, Holz für Bühnenbilder, Verlagsrechte für Aufführungen, Druckereien für Programmhefte) und Förderer (z. B. Förderverein);
- Regulierende Organe: Personen, Gruppen und Institutionen, die Verhaltensregeln festlegen und Einfluss auf deren Durchsetzung nehmen, zum Beispiel die Träger (Länder, Städte) und Verbände (Deutscher Bühnenverein, Orchestervereinigung, IG Medien etc.);
- Interne Gruppen: outputorientierte Personen, die für die eigentliche Leistungserstellung verantwortlich sind, zum Beispiel Künstler und Kulturschaffende (Schauspieler, Sänger, Solotänzer, Regisseure, Dramaturgen, Kostümbildner etc.) und Kollektive (Chor, Ballett aber auch Werkstätten, Technik und Verwaltung);
- Übermittlergruppen: Personen, Gruppen und Institutionen, welche die von den internen Gruppen erstellte Leistung (output) den Abnehmern zuführen (Abonnenten- und Besucherorganisationen),
- Abnehmergruppen: Personen, Gruppen und Institutionen, welche die erstellte Leistung bzw. das Produkt nachfragen (wie die Besucher), aber auch die allgemeinen Interessengruppen, die von der Leistung zwar betroffen sind, diese aber nicht direkt nachfragen (wie Fremdenverkehr, Sponsoren und Medien).

▷ Die Aufgabe für Kulturmanager besteht daher darin, proaktiv mit den bestehenden Beziehungen umzugehen, anstatt sich ihnen auszuliefern. Kulturmanager müssen im Grunde alle anderen Gruppen und Personen, die in irgendeiner Weise das Kulturschaffen und die Resultate dieses Schaffens und damit gleichzeitig seine Qualität beeinflussen, als Stakeholder in die systemische Kulturarbeit einbeziehen.

In der Abb. 2.2 zeigt sich auch, welche weitere Grundproblematik sich Kulturmanager ausgeliefert sehen. Die kulturelle Facharbeit orientiert sich an der Corporate Identity (CI) des Kulturbetriebes, also dem Selbstverständnis darüber, wofür dieser Kulturbetrieb stehen möchte (Werte, Ziele, Qualitätsvorstellungen etc.).

Die Corporate Identity (CI) bestimmt den Unternehmenszweck und macht gleichzeitig deutlich, inwiefern sich der Betrieb von anderen ähnlichen Kulturbetrieben unterscheidet. Hinzu kommen die Arbeitsgebiete Organisationentwicklung (OE) und Personalentwicklung (PE). Im Rahmen der Organisationsentwicklung werden Entscheidungen über Strategien und weitere Entwicklungen des Kulturbetriebes getroffen. Hierzu gehören auch Entscheidungen über die Aufbaustruktur des Betriebes, über Stellenbeschreibungen sowie über die Ablaufstrukturen, Arbeitszeiten, Kommunikationsstrukturen usw. Teilbereiche der Personalentwicklung sind die Gewinnung, die Aus- und Fortbildung sowie die Führung der Mitarbeiter des Kulturbetriebs. Im Rahmen strategischer Planungen ist die Frage zu beantworten, welches Personal bis zu welchem Zeitpunkt benötigt wird und tatsächlich zur Verfügung gestellt werden kann. Auch diese nichtfachlichen bzw. nicht-kulturellen „internen" Arbeitsbereiche werden beeinflusst von den Entscheidungen, die im Außenbereich getroffen werden. Wird beispielsweise eine höhere Markt- bzw. Kundenorientierung angestrebt, könnte es nötig werden, das eigene Personal auf mehr Kundenorientierung zu „trimmen". Möglicherweise müssen hierzu auch Arbeitsstrukturen verändert werden, wie zum Beispiel Arbeitszeiten, Erreichbarkeit etc. Die Entscheidung zu einer stärkeren Kundenorientierung könnte aber auch zu einer generellen Veränderung der Unternehmensphilosophie führen (gerade wenn man sich bis dahin noch stark einer elitären Vorstellung von künstlerischer Qualität verschrieben hat).

Gleichzeitig muss der Kulturmanager – wie oben beschrieben – die Ziele und Bedürfnisse der Stakeholder im Auge behalten und obendrein (wie die linke Seite der Abb. 2.2 zeigt) immer wieder die Entscheidung treffen, ob er sich eher einem kulturellen Bildungsauftrag und einem hohen künstlerischen/kulturellen Ideal verpflichtet oder sich einem Markt und den Kundenwünschen „ausliefert". Es geht also um die Frage, inwieweit man von selbst oder fremd gesetzten Qualitätsvorgaben im kulturellen Schaffen zugunsten einer höheren Markttauglichkeit abweichen darf. Darf man sich den Gesetzen des Marktes ausliefern? Oder andersrum: Darf man (weiterhin) hohe (und hochpreisige) Kunst produzieren, die keine Abnehmer findet, womit die Finanzlage des Kulturbetriebes in eine Schieflage geraten kann?

Hier einige Beispiele aus der Praxis:

- Zeige ich im Theater Shakespeare im Original oder eine für jüngeres Publikum zeitlich reduzierte Version?
- Orientiere ich mich als Orchester an innovativer bzw. klassischer Musik oder spiele ich bei Konzerten berühmte Filmmusik („Fluch der Karibik", „Herr der Ringe") etc., weil das Publikum darauf positiv reagiert?

- Produziere ich ein Musical mit eigenen inhaltlichen Ideen oder orientiere ich mich an Vorlagen aus anderen Ländern, aus Filmen oder aus aktuellen Anlass, weil ich glaube, dass hier auf jeden Fall eine Nachfrage besteht („König der Löwen", „Titanic – das Musical", „Diana – das Musical")?

- Folge ich als Galerist der Entwicklung des von mir ausgestellten Künstlers oder lasse ich ihn nun eine Reihe an Bildern produzieren, die stilistisch eher seiner früheren Schaffensphase entsprechen, die sich aber zufälligerweise aktuell gut verkaufen lassen?

- Lasse ich als Veranstalter von Mittelalterfesten das Sponsoring durch lokale Brauereien zu, obwohl deren „Bierpilze" das „mittelalterliche Bild" stören und die gewünschte Authentizität in der historischen Gesamtdarstellung gefährden?

Gerade das letzte Beispiel weist auf die systemischen Wechselwirkungen hin, die im kulturellen Bereich auffällig sind: Um den Besuchern des Mittelalter-festes unkompliziert bewirten zu können, greift man auf schnell verfügbare mobile Brauerei-Bierstände zurück. Gleichzeitig kann man ggf. wegen der möglichen Eigenwerbung (Bierpilz im Corporate Design der Brauerei) mit der Brauerei niedrigere Getränkepreise aushandeln. Auf der anderen Seite wird die Fachpresse (Medien der Mittelalterszene) negativ über diesen „unhistorischen Fauxpas" berichten. Konrad (2000, S. 4 f.) weist darauf hin, dass sich Studien zu wenig mit dem gleichzeitigen Management dieser verschiedenen Beziehungen befassen, sondern vorwiegend einzelne Beziehungen behandeln. Gerade aber für den Kulturbereich gelte, dass eine Betrachtung von Netzwerken, Portfolios und verschiedenen parallel existierenden Beziehungen sinnvoll ist: „Im Kulturbereich kann davon ausgegangen werden, dass die Art der Beziehungen sowie die Pflege und Herstellung dieser Kontakte zu anderen Akteuren und Entscheidungsträgern im Umfeld als äußerst wichtig für die Gründung, den Erfolg und die Etablierung eines Kulturunternehmens anzusehen sind." (Konrad 2000, S. 27).

Hierzu noch einige Beispiele, um den systemischen Charakter des Steuerungs-handelns kulturell agierender Manager aufzuzeigen:

▶ Die zukünftige Orientierung des kulturellen Angebotes an den rein subjektiven Qualitätsvorstellungen des zuständigen Kulturmanagers kann an den vorhandenen Kundenwünschen vorbeigehen. Gleichzeitig werden damit ggf. vorhandene Sponsoren (die ja ebenfalls „ihre" Kun-den erreichen wollen) verprellt.

▶ Ein Kunstmuseum, das den Sponsoren zu viel Platz für die Werbung einräumt, veranlasst andere Förderer und Spender dazu, zukünftig

weniger für „ihr" Museum zu spenden, welches sich offenbar nun der
Wirtschaft „ausgeliefert" hat.

> Wer sich bisher als Leiter eines Kunstmuseums der klassischen Kunst
> verschrieben hatte und zukünftig auch eher populäre Kunst aus-
> stellen möchte, muss damit rechnen, dass die Medien über diesen
> „Richtungswechsel" nicht nur positiv berichten.

> Es kann sein, dass der neue Leiter eines Kulturbetriebes „frischen
> Wind" in das Unternehmen bringen will und die Corporate Identity
> (inclusive des Corporate Designs) verändert. Dieser „neue Auftritt"
> wird möglicherweise auf der einen Seite von den Medien, den Trägern
> der Einrichtung und vielleicht auch von den Sponsoren anerkannt und
> gutgeheißen. Auf der anderen Seite könnten langjährige Mitarbeiter
> das Gefühl entwickeln, dass diese Kultureinrichtung nicht mehr die-
> jenige ist, mit der sie sich einst identifizierten. Die innere oder tatsäch-
> liche Kündigung der Mitarbeiter könnte folgen.

Kulturmanager befinden sich im Dauerdilemma zwischen der Orientierung an
den Stakeholdern und der Orientierung an künstlerischen Qualitätsvorstellungen.

2.4   Ziele im Kulturmanagement und die Anspruchshaltungen von Stakeholdern

In jeder gut geführten Organisation – dabei ist die Größe und Branche völlig neben-
sächlich – finden sich klar definierte Ziele und eine funktionierende Kontrolle (Malik
2001, S. 41).

Zielgerichtetes Führen von Mitarbeitern, Abteilungen/Fachbereichen oder von
ganzen Betrieben wird Führungskräften der Wirtschaft und Verwaltung i. d. R.
nicht beigebracht. Dies liegt unter anderem daran, dass es – von ganz wenigen
Ausnahmen abgesehen – für deutsche Führungskräfte keine grundständige „Ausbildung" im Führen gibt. Manchmal wird versucht, Führungskräften im Anschluss
an die Übernahme einer Führungs-/Leitungsfunktion das notwendige Rüstzeug
durch Weiterbildungsseminare an die Hand zu geben. Dabei lernen sie manchmal auch etwas über das Führen durch Orientierung an Zielen und durch Zielvereinbarungen: Teilziele werden gemeinsam aus den strategischen Zielen des
Unternehmens abgeleitet und vom Mitarbeiter umgesetzt. Strategisches Denken,

Tab. 2.1   Ziele in Kulturbetrieben

Ökonomische Ziele	Nicht-ökonomische Ziele
Maximal- und Minimalprinzip	Künstlerische/r Leistung/Erfolg
Budgeteinhaltung	Bewahrung, Weiterentwicklung und Förderung
Wirtschaftlicher Erfolg und Rentabilität	des Kulturerbes
Marktwachstum	Bildung
Sicherung von Arbeitsplätzen	Unterhaltung
Unabhängigkeit	Provokation
Liquidität	Animation und Kommunikation
Sicherheit	Erhalt/Sicherung von Exklusivrechten
Hohe Produktivität	Umsetzung kulturpolitischer Vorgaben
Kostensenkung	Sozialpolitische Ziele
Steigerung des Arbeitgeberimages	Information

Organisationsentwicklung, Projektmanagement, Marketing und Personalentwicklung sind ohne Führung durch regelmäßig stattfindende und dokumentierte Mitarbeitergespräche mit Zielvereinbarungen zwischen Führungskraft und Mitarbeiter –„Management-by-Objectives" (MbO)[1] – gar nicht denkbar.

Grundsätzlich kann bei Kulturbetrieben zwischen einer eher wirtschaftlichen und einer eher künstlerischen bzw. kulturvermittelnden Zielsetzung unterschieden werden: Neben den kulturellen Zielen stehen immer auch die ökonomischen Ziele (siehe Tab. 2.1).

Die Realität – gerade in Kulturbetrieben – zeigt, dass solche Ziele bisher jedoch kaum formuliert, noch weniger begründet und noch viel weniger operationalisiert wurden. (Die abschließende Kontrolle hinsichtlich der Zielerreichung entfällt dann in der Regel ebenfalls). Dies gilt sowohl für strategische Planungen für das Gesamtunternehmen als auch für kurzfristigere Projektplanungen. Auch die Sichtweisen und Interessen der Stakeholder (von Kulturbetrieben oder Kulturprojekten) finden in der Zielsetzung bisher kaum Berücksichtigung.

Haselbach et al. Sprechen gar von der Unbestimmtheit des Qualitätsbegriffs im Kulturbereich und in diesem Zusammenhang von der fruchtbaren Kombination von Konsens über das allgemeine Erfordernis und der substanziellen Leere. Qualität werde heute selbstreferenziell definiert. Jedes Kultur- und Kunstprojekt evoziere eigene Kriterien. Damit verfüge der Qualitätsbegriff über maximale hermetische Schärfe und gleichzeitig maximale Unschärfe wegen der Beliebigkeit (Haselbach et al. 2012, S. 32 f.).

---

[1]MbO wurde 1954 vom amerikanischen Managementvordenker Peter Drucker entwickelt. Die Grundlagen wurden parallel zum Projektmanagement als Führungsprinzip gelegt, da Zielsetzung und Zielvereinbarung von jeher Instrumente des Projektmanagements sind.

Neben der Unterscheidung in ökonomische und nicht-ökonomische Ziele ist auch die Unterscheidung zwischen strategischen und operativen Zielsetzungen wichtig (siehe oben). Während strategische Ziele weit in die Zukunft gerichtet sind und sich auf die zukünftigen Erfolgspotenziale und deren Sicherung konzentrieren, bestimmen die operativen Ziele die gegenwärtigen Prozesse innerhalb des Kulturbetriebs. Das Erreichen der operativen Ziele bestimmt den unmittelbaren Erfolg bzw. Misserfolg und ist oft die Voraussetzung der Realisierung strategischer Zielsetzungen.

> ⯈ Eine strategische Zielsetzung ist die Inbetriebnahme eines neuen Operngebäudes innerhalb der nächsten fünf Jahre. Dazu sind aber vorher verschiedene operative Ziele zu realisieren, zum Beispiel personalpolitische, finanzielle und organisatorische.

Das grundlegende Dilemma für viele Kultureinrichtungen ist und bleibt der Grad der Anpassung der künstlerischen Leistung bzw. des kulturellen Angebots an den Marktprozess von Angebot und Nachfrage (siehe Abb. 2.2). Und so besteht die Gefahr (bzw. je nach Perspektive die Möglichkeit oder die Chance), dass zum Beispiel ein modernes Marketing im kulturellen Bereich auch das kulturelle Produkt selbst beeinflusst. Der Marketingfachmann wird danach fragen, welches Produkt wie am besten auf den Markt anzupassen ist. Damit gerät er wahrscheinlich in Konflikt mit denjenigen, die das künstlerische Produkt entwickeln. Der Schaffensprozess des Künstlers ist nämlich in der Regel eher innengeleitet. Kunst ist hierbei das Ausdrucks- und (bewusst oder unbewusst) Kommunikationsmittel für die Gedanken- und Vorstellungswelt des einzelnen Künstlers. Im weiteren Bereich der Kultur können hinter kulturellen Schaffensprozessen gegebenenfalls auch die bildungspolitischen Zielsetzungen stehen, die bestimmten Kundenwünschen (z. B. dem Wunsch nach einfach zu konsumierender Unterhaltung) sogar entgegenstehen können. Haselbach et al. schreiben hierzu:

Bühnen und Museen sind die Schulen des neuen Bürgers: Das Programm ist die ästhetische Erziehung des Menschengeschlechts. Wie schade, dass das Konzept aus der Zeit der aufgeklärten Aristokratie stammt, vordemokratisch ist. Das politische Projekt des mündigen, selbstbestimmten Bürgers steht in Widerspruch zum ästhetischen Projekt des Kulturbürgers, der bestimmten Wertvorstellungen anhängt und eine bestimmte ästhetische Qualifikation erreicht hat, die längst nicht für alle erreichbar ist und auch nicht sein darf. (…) Verschärfend kommt hinzu, dass mit dem Niedergang der kulturellen Autoritäten deren Welterklärungsmuster hinfällig werden. Die Vertreter universeller Wert gehören heute selbst ins Museum, die Kritiker sind entmachtet. Heute gibt es zu jeder Aussage eine genauso legitime Gegenaussage (Haselbach et al. 2012, S. 24 f.).

Mittlerweile scheint sich zwischen Kultur und Wirtschaft, also zwischen dem Reich der Freiheit und dem Reich der Notwendigkeit, eine Versöhnung anzubahnen. In Kulturbetrieben wird allmählich erkannt, dass es durchaus nichts Unanständiges ist, wenn man auch kulturelle Institutionen einer betriebswirtschaftlichen Kosten-Nutzen-Analyse unterzieht, um festzustellen, wie mit den zur Verfügung gestellten Ressourcen umgegangen wird. Voraussetzung ist jedoch, dass der moderne Kulturmanager strategisches Denken und kommunikative Kompetenzen verbindet, um als Grenzgänger zwischen den Sinnwelten vermitteln zu können.

Effektives Kulturmanagement bedeutet also für große und kleine Kulturunternehmen die konsequente Umsetzung des Wirtschaftlichkeitsprinzips (Maximal- und Minimalprinzip), um die von der Öffentlichkeit gestellte Aufgabe „Kultur" effizient zu erfüllen. Das heißt, ein vorhandenes Leistungsziel (künstlerische/ kulturelle Zielsetzung) soll mit minimalen Mitteln bzw. mit vorgegebenen finanziellen Mitteln (Budget) soll ein möglichst hohes künstlerisches/kulturelles Leistungsziel erreicht werden. Die Steuerung von Kultur und Finanzen erfolgt dabei durch die Installation leistungsfähiger betriebswirtschaftlicher Instrumente. Wirtschaftliches Handeln als Ziel kann so für Kultureinrichtungen auch das Erreichen eines größtmöglichen gesellschaftlichen Nutzens bedeuten.

2.4.1   Ziele und Qualität im Kulturmanagement

Betriebe verfolgen i. d. R. konkrete Betriebsziele. Das definierte Ziel entspricht dem angestrebten Zustand des Betriebes in der Zukunft. Das Ziel wird dabei allerdings nicht von selbst erreicht. Die Steuerung auf das Ziel hin durch den Manager ist notwendig. Diese Notwendigkeit gilt selbstverständlich auch für Kulturbetriebe. Allerdings trifft man hier in der Praxis oft auf Lücken. Oft sind gar keine Ziele vorhanden, nur vage formuliert, veraltet oder schlichtweg den Mitarbeitern des Betriebes oder den Teammitgliedern der Abteilung nicht bekannt.

Um für den (Kultur-) Betrieb und seine Mitarbeiter wirklich wirksam zu werden, sollten Ziele immer ausformuliert und niedergeschrieben werden; dies gehört zum schriftlichen Planungsprozess, der sich an die Zielformulierung anschließt. Beim Formulieren von Zielen ist darauf achten, dass diese so konkret und verbindlich wie möglich formuliert sind. Das Aufschreiben ist dabei der erste Schritt, um Absichten im wahrsten Sinne des Wortes nicht aus den Augen zu verlieren. Darüber hinaus dient die niedergeschriebene Zielformulierung der späteren eigenen oder fremden Nachkontrolle, ob das Ziel auch wirklich zum entsprechenden Zeitpunkt erreicht wurde. Strukturiert durchgeführt führt dies zu

Abb. 2.3 Zielformulierung nach SMART. (Eigene Darstellung)	S	specific	—	exakt beschrieben
	M	measurable	—	messbar
	A	attainable	—	erreichbar
	R	realistic	—	realistisch
	T	timebound	—	an Zeitvorgaben gebunden

einem andauernden Ablauf von Zielplanung, Zielkaskadierung, Zielvereinbarung und Zielerreichungscontrolling (siehe unten). Für die Zielformulierung selbst ist die SMART-Formel hilfreich. Danach sollten Ziele, wie in Abb. 2.3 dargestellt, formuliert werden (Abb. 2.3).

Im betrieblichen Alltag oder auch bei Projekten immer wieder Ziele auf-zustellen, zu formulieren und vor allem auch zu kommunizieren ist in der Tat sehr schwer. Hat beispielsweise ein Kulturbetrieb vor, in den nächsten Jahren seine Besucherzahlen zu steigern, ist das noch kein Ziel, sondern lediglich eine Absicht. Eine konkrete Zielformulierung muss den Zielinhalt (Besucherzahlen), das Zielausmaß (Steigerung um 10 %) und einen zeitlichen sowie sachlichen Geltungsbereich (in der kommenden Spielzeit; Zielgruppe: 20- bis 40-Jährige) enthalten.

▶   In der kommenden Spielzeit sollen sich die Besucherzahlen bei der Zielgruppe der 20- bis 40-Jährigen um 10 % erhöht haben werden.

▶   Im nächsten Jahr soll sich die interkulturelle Arbeit durch drei zusätzli-che laufende multikulturelle Veranstaltungen verstärkt haben werden.

▶   Die Zufriedenheit aller Besucher soll sich in den nächsten zwei Jahren um 20 Punkte verbessert haben.

Ganz besonders wichtig – und leider zu wenig beachtet – ist die Erörterung, ob die kulturellen/künstlerischen Ziele, die man mit einem bestimmten kulturellen Angebot erreichen wollte, tatsächlich auch erreicht wurden. Es geht hier vor allem um Fragen der Qualität und des „künstlerischen Controllings". Ist zum Beispiel eine Kunstausstellung, bei der der Künstler einen gesellschaftskritischen Anspruch und damit eine publikumsbildende Zielsetzung hat, schon dann erfolgreich, wenn die Ausstellung reibungslos durchgeführt werden konnte? Oder wenn viele Gäste bei der Vernissage anwesend waren? Oder wenn nach der Ausstellung im Gäste-buch mehrere Male geschrieben steht, dass dies eine „sehr schöne Ausstellung" war? Interessant – im Sinne einer künstlerischen Erfolgsmessung – könnten die

Antworten auf folgende Fragen sein: Wie viele Gäste waren auch während des Ausstellungsbetriebes (täglich) anwesend? Inwiefern konnten die Besucher über die ausgestellte Kunst diskutieren? Gab es entsprechende begleitende Veranstaltungen – und wie war dort die Besucherzahl? Wie viele Kunstwerke wurden verkauft? Wie oft ist in der Presse berichtet worden? Welche Breitenwirkung hatten die Presseorgane? In welcher Weise wurde über die Kunst berichtet?

Der Grad der Zielerreichung bestimmt dann aber auch den Grad der Qualität des kulturellen Schaffens:

> Folgt man der Definition der Internationale Standard Organisation (ISO), dann ist Qualität im kulturellen Bereich die Gesamtheit von Eigenschaften und Merkmalen eines kulturellen/künstlerischen Produktes oder einer kulturellen/künstlerischen Dienstleistung, die sich auf deren Eignung zur Erfüllung festgelegter Unternehmensziele des Kulturbetriebes bezieht.

Das kulturelle Schaffen unterwirft sich hinsichtlich seiner Qualität demnach dem Unternehmenszweck und den Zielen einer Kultureinrichtung. Diese Ziele bestehen aber ggf. aus einem Kompromiss zwischen künstlerischen Zielen und den Vorstellungen der Stakeholder.

2.4.2   Der Einfluss der Stakeholder auf Ziele und auf die Qualität des Kulturschaffens

Die Grundfrage ist, welche Ziele Kultureinrichtungen verfolgen, und inwieweit die Stakeholder über die Partizipation an der Zielsetzung oder durch andere Handlungen Einfluss auf die kulturelle/künstlerische Qualität nehmen. Denk- und erlebbare Beispiele solcher Beeinflussung, die direkt das kulturelle Produkt und seine Qualität betreffen, gibt es viele:

- die Beeinträchtigung des Gesamtbildes einer Museumseröffnung durch die vom Sponsor durchgesetzte übergroße Werbemaßnahme
- die Vorgabe des Trägers eines öffentlich-rechtlichen Kulturbetriebs, dass vorwiegend Kunst gefördert werden soll, „die es schwer hat"
- die Beendigung eines Festivals durch die Intervention eines „sich gestört fühlenden" Nachbarn
- die Beeinträchtigung der Qualität eines Theaterbesuchs wegen des unhöflichen Verhaltens des Theaterpersonals

- die inhaltliche Veränderung eines Kunstkurses aufgrund von Teilnehmerbefragungen
- die Änderung eines Ausstellungskonzepts wegen der negativen Berichterstattung in den Medien

Die Frage, was die Qualität von Kunst und Kultur ausmacht, kann daher auch systemtheoretisch beantwortet werden: Es kommt auf den Standpunkt im System der Abhängigkeiten und auf den Grad der jeweils durchgesetzten Zielen (verschiedener Beteiligter) an. Zur Verdeutlichung soll hier das Beispiel eines Kulturfestivals dienen, das durch ein kommunales soziokulturelles Zentrum unter Beteiligung verschiedener Sparten veranstaltet wird:

- Der Kulturmanager – als Leiter des Kulturbetriebs – wird seine eigene Vorstellung von einem gelungenen Festival haben. Wird der Betrieb angemessen durch die verschiedenen Teilprojekte repräsentiert? Ist es ein tolles, medienwirksames Event? Stimmen die Zahlen?
- Die Fachbereichsleiter – als Spartenverantwortliche – werden darüber nachdenken, ob ihr eigener Fachbereich angemessen vertreten ist (im Vergleich zu den jeweils anderen Sparten).
- Die Sponsoren werden sich fragen, ob denn tatsächlich das Publikum erscheint, das auch ihre eigene Kundschaft repräsentiert. Sonst werden sich möglicherweise die Werbung und der eingeplante kleine Messestand nicht lohnen.
- Mitglieder des Fördervereins werden sich fragen, ob sie die Kultur erwarten können, für die das soziokulturelle Zentrum steht (und weswegen sie ja Förderer geworden sind).
- Kunden könnten sich fragen, ob denn auch zu ihnen passende, zum Beispiel familiengerechte, Angebote vorhanden sind.

Die (nachträgliche) Beeinflussung von vorhandenen Zielvorstellungen durch die jeweiligen Stakeholder geschieht entweder ganz bewusst und in Absprache mit dem Entscheider der betroffenen Kultureinrichtung (z. B. im Rahmen von Verhandlungen mit potenziellen Sponsoren) oder aber unbewusst (z. B., wenn man sich als Ausstellungsmacher selbst über die übertriebene Wirkung des Werbeplakats eines Sponsors nicht im Klaren ist). Diese Beeinflussung lässt sich auch unter dem Gesichtspunkt der Theorie kommunikativen Handelns betrachten: Nach einer bekannten Kommunikationsregel können wir in der Gegenwart anderer nicht nur nicht kommunizieren, sondern in der Regel manipulieren wir auch, wenn wir kommunizieren (und werden natürlich auch von anderen manipuliert). Eine kommunikative Beziehung mit den Stakeholdern wird also zwangsläufig dazu führen, dass der jeweilige Gesprächspartner sein Gegenüber im persönlichen Gespräch – bewusst oder unbewusst – manipuliert. Bei den Motiven für eine Beeinflussung des Gegenübers kommt es auf die Interessenlage und die Ziele des Manipulators an. Welche Ziele verfolgt der Stakeholder und welche Ziele verfolgt das eigene Unternehmen? Für den Kulturmanager wird sich die Frage stellen, ob eine Harmonisierung der Zielsetzungen des eigenen Unternehmens und denen der Stakeholder angestrebt wird, oder ob ausgewählte Ziele und Interessen dominieren sollen. Damit soll nicht gesagt sein, dass der Kulturmanager möglichst versuchen sollte, zu jeder Zeit „everybodies darling" zu sein. Auch soll es nicht um die „Verwässerung" kultureller Ziele und künstlerischer Qualitätskriterien gehen. Der Kulturmanager wird sich aber immer wieder entscheiden müssen, welche Beeinflussung er zulässt und welche nicht, bzw. welche Stakeholder er an seiner eigenen Planung beteiligt. Die Frage also, welche Beziehungen wie gepflegt werden müssen, hängt von den Kosten und vom Nutzen dieser Beziehung für die Kultureinrichtung ab.

Systemisches Arbeiten 3

Die Systemtheorie hat sich als integrative Theorie auch für soziale Systeme in den letzten 40 Jahren durchgesetzt und weiterentwickelt. Ihre Bedeutung für den Kulturbereich zeigt sich vor allem bei der Betrachtung der Erfolgsfaktoren und vor allem der Gefahren und Chancen managerialen Handelns in Kultureinrichtungen. Denn: im Beziehungsgeflecht verschiedener Systeme steigern sich Autonomie und Interdependenz wechselseitig. Autonomie bewährt sich in Interdependenz, und Interdependenz setzt gleichzeitig Autonomie voraus. Auch die Kunst und die Kultur sind dabei keine absolut autarken Systeme. Die selbstreferenzielle Schließung ist nicht ohne heteroreferenzielle Öffnung möglich, denn auch das System Kunst entwickelt sich, in dem es sich fortlaufend an System-/Umwelt-Relationen orientiert. Der systemische Ansatz ist also ein Ansatz der Wechselwirkungen. Kein Subsystem kann analysiert werden kann, ohne nicht die Wechselwirkung zu betrachten, welche es mit anderen Subsystemen oder dem gesamten System eingeht. Die Systeme entscheiden dabei darüber, inwieweit sie die Ereignisse eines anderen Systems sinnvoll verarbeiten können.

Die systemische Sichtweise ist nicht nur wichtig, um abzuschätzen, ob die eigenen Ziele erreicht und Projekte und Strategien erfolgreich durchgeführt werden können. Die Erfassung unterschiedlicher Sichtweisen von Betroffenen (z. B. der Stakeholder) verstärkt auch in hohem Maße die Akzeptanz und damit die Konsensbereitschaft der Betroffenen bei abschließenden Entscheidungen über Maßnahmen.

▶ Bei dauerhafter Anwendung hilft der systemische Ansatz – und der mit ihm im Zusammenhang stehende Ansatz des Konstruktivismus – auch, Empathie für die jeweiligen Ziele und Bedürfnisse der anderen zu entwickeln. Eine grundsätzliche wertschätzende und humanistische Einstellung kann hierbei sehr hilfreich sein.

© Springer Fachmedien Wiesbaden GmbH, ein Teil von Springer Nature 2019
E. Hoffmann, *Systemisches Arbeiten für Kulturmanager,* essentials,
https://doi.org/10.1007/978-3-658-23733-2_3

3.1 Strategisches Arbeiten trotz systemischer Unsicherheit

Die enormen Veränderungen im Wirtschaftsleben und die Turbulenzen der vergangenen Jahre haben den Handlungsspielraum für strategisches Denken eingeengt. In der Not wird daher nun oft die Verbesserung kurzfristiger, operativer Ergebnisse in den Vordergrund gestellt. Tatsächlich verlangen die Veränderungen ein Umdenken. Die klassische Führungsaufgabe in einem überschaubaren Umfeld ist einem flexiblen Führungsagieren unter ständig neuen Variablen und Unsicherheitsfaktoren gewichen. Hier geht es nicht um eine (zeitlich und inhaltlich abgrenzbare) Krise, sondern um Veränderung als Dauer- und zukünftiger Normalzustand. Dabei ist es unerheblich, in welcher Branche man arbeitet; die Veränderungen sind allerorten zu beobachten. Für Kulturmanager stellt sich daher ebenfalls die Frage, wie sie unter solchen Bedingungen „richtig" führen können. Andererseits sind Handlungen und Führungshandlungen schon immer eingebunden gewesen in eine veränderliche (Unternehmens-)Umwelt und in ein Geflecht verschiedener Bezugsgruppen und -größen. Manager und Unternehmensleiter hatten es immer zu tun mit den unterschiedlichen Einflüssen externer Bezugsgruppen, -personen und -institutionen – den Stakeholdern. Der Unterschied zu früher ist der, dass das systemische Mobilé, in dem sich das Unternehmen befindet, empfindlicher auf Berührungen und Veränderungen reagiert und diese Impulse immer schneller auf die abhängigen Systemglieder multipliziert.

Im schlimmsten Falle könnten die betroffenen Kulturmanager nun resignierend ihre strategischen Planungen über Bord werfen, frei nach dem Motto, dass in einer systemischen Welt gar nichts mehr planbar ist. Denn immerhin bestehen soziale Systeme aus Menschen und deren Kommunikation. Menschen aber sind autonom, unberechenbar, eigensinnig und oft uneindeutig in ihren Handlungen und ihrer Kommunikation und eine instruktive Interaktion ist kaum verlässlich möglich.

> Wie kannst Du Gott zum Lachen bringen? Erzähl ihm Deinen Plan (Blaise Pascal, zitiert nach Melzer o. J., o. S.).

Die Konsequenz wäre, dass der Kulturmanager das Ruder aus der Hand gleiten und sein Schiff (=der Kulturbetrieb) in den Wellen umhertreiben lässt. Eine solche „laissez-faire-Haltung" wäre fatalistisch und widerspricht daneben den tatsächlich beobachtbaren – also offenbar machbaren – Veränderungserfolgen auch in großen Systemen. Pichler weist in diesem Zusammenhang auf Folgendes hin: „Dass die Vertreter der neueren Systemtheorie davon ausgehen, dass die Komplexität heutiger Unternehmen nicht beherrschbar und nicht steuerbar ist, heißt nicht, dass sie Managern raten, ihren Job aufzugeben. Die Forderung lautet: Manager müssen die Komplexität akzeptieren und trotzdem wirksame Interventionen vornehmen." (Pichler 2006, S. 20 f.). Ganz ohne Planung und der Vorstellung eines Zielbildes inklusive des gedachten Weges dorthin, wird auch der Kulturmanager seine Aufgaben nicht vernünftig erledigen können. Darüber hinaus wird es ihm ohne Plan nicht gelingen, seine Mitarbeiter und andere Stakeholder für ein (kulturelles) Ziel zu begeistern.

Klein schreibt: „Die öffentlichen Kultureinrichtungen müssen also zuerst (und zwar ganz schnell) lernen, ihren Blick zu öffnen, die Zukunft nicht als eine Verlängerung der (schwierigen) Gegenwart mit all ihren Sorgen und Nöten zu begreifen, sondern als Chance und Herausforderung, ihre eigenen langfristigen Ziele und Visionen tatsächlich umzusetzen." (Klein 2011, S. 43).

Mittlerweile gibt es auch genügend Instrumente, um den systemischen Herausforderungen und denen der oben zitierten VUCA-World zu begegnen. Eine der Forschungsansätze, um Entscheidungsverhalten in systemischen Abhängigkeiten zu untersuchen ist die Spieltheorie: Die Spieltheorie stellt gewissermaßen ein Gedankenexperiment dar, dass nicht nur den Denkrahmen und die entscheidenden Begriffe klar und verständlich vorgibt, sondern Einsichten und Vorhersagen durch das Herumspielen mit Eventualitäten liefert. Für die „Spieler" wird erkennbar, dass jede Handlung im Spiel im Zusammenhang mit den Handlungen verzahnter anderer, größerer und kleinerer Spiele zu sehen ist, wobei das eigene Verhalten in einem Teilspiel auch die mit diesem Teilspiel verzahnten anderen Spiele in der Gegenwart und der Zukunft beeinflusst. Es wird deutlich, welche Spieler und Rahmenbedingungen es gibt und wie sich Machtpositionen durch Beeinflussung der Spielregeln bestimmen. Gleichzeitig können die Spieler erkennen, mit welchen Hebeln das Spiel im eigenen Sinne beeinflusst werden kann. Ein weiteres wesentliches Merkmal ist, dass die Reaktion anderer Spieler auf die eigenen Entscheidungen nicht nur prognostizierbar, sondern auch in das eigene Kalkül einbezogen werden (Bieta und Siebe 1998, S. 8 ff.). Man erkennt, wie die Auffassungen der anderen Spieler zum eigenen Nutzen zu verändern sind, wie sich das Spiel verändert, wenn neue Spieler das Spielfeld betreten bzw. bisherige Spieler das Spielfeld verlassen und wie das Spiel aktiv zu gestalten ist, damit man das Spiel verändert, nicht durch das Spiel selbst verändert wird. So verstandene Spiele dienen im Sinne des Konstruktivismus auch dazu, die Welt nicht nur mit anderen Augen, sondern auch mit den Augen der anderen zu sehen (Bieta und Siebe 1998, S. 68). Es bietet sich die Chance, sich die Denkhüte anderer Spieler aufzusetzen und zu verstehen, wie diese auf eigene Strategien reagieren werden (Bieta und Siebe 1998, S. 9).

Konkrete Möglichkeiten und Instrumente des systemischen Arbeitens sollen im folgenden Abschnitt aufgezeigt werden.

3.2   Instrumente des systemischen Arbeitens

Kerngeschäft der Führung im Kulturmanagement ist der Versuch, Gewissheit für weitere Planungsschritte herzustellen bei gleichzeitigem Wissen um die bestehenden Unsicherheiten im „systemischen Mobilé". Bei den hierzu einzusetzenden Methoden und Instrumenten des systemischen Arbeitens geht immer um die Frage der Analyse der aktuellen systemischen Situation und der darauffolgenden (kommunikativen) Reaktion.

In der Managementforschung und -literatur lassen sich verschiedene Instrumente finden, welche die wesentlichen Beurteilungskriterien in systemischen Zusammenhängen abdecken können. Im Folgenden sollen einige dieser Instrumente vorgestellt werden:

- die Risikoanalyse,
- die SWOT-Analyse,
- die Stakeholderanalyse.

3.2.1   Risikoanalyse

Bei der Risikoanalyse werden die potenziellen Risiken, die der Zielerreichung ggf. im Weg stehen gesammelt und anschließend nach den Beurteilungskriterien „Eintrittswahrscheinlichkeit" und „Auswirkungsgrad" gewichtet. In übersichtlicher Form kann dies in einer Grafik geschehen. Nach der entsprechenden Gewichtung der Risikofaktoren lassen sich zeitlich gestaffelte präventive Handlungsschritte ableiten (Abb. 3.1).

3.2.2   SWOT-Analyse

Mit der SWOT-Analyse wird geprüft, ob die internen Fähigkeiten des Unternehmens/des Teams den geforderten Zielen und Rahmenbedingungen entsprechen. Sie trägt ihren Namen nach den vier Beurteilungskriterien:

- Strenghts: Stärken
- Weaknesses: Schwächen
- Opportunities: Möglichkeiten
- Threats: Gefahren

Abb. 3.1 Risikoanalyse. (Quelle: Eigene Darstellung)

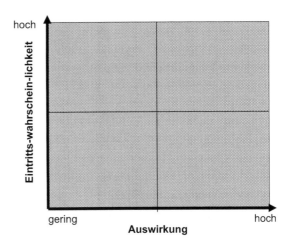

Fragen, die sich für die Betrachtung der Beurteilungskriterien ableiten, können sein:

- Welche Stärken in Bezug auf die aktuelle Zielsetzung haben wir?
- Welche internen Schwächen stehen der Zielerreichung ggf. im Wege?
- Welche Möglichkeiten bieten sich uns durch und während der Zielerreichung?
- Welche Gefahren und Risiken lauern auf dem Weg zum Ziel.

Zuweilen wird das SWOT-Modell auch als Matrix dargestellt, in der die einzelnen Beurteilungskriterien miteinander verknüpft werden (s. Tab. 3.1).

Die Stakeholder in der SWOT-Analyse
Mit der SWOT-Analyse können auch die Stärken und Schwächen des eigenen Unternehmens in Bezug auf den jeweiligen Stakeholder eruiert werden. Die folgende Darstellung zeigt eine SWOT-Analyse für das Beispiel einer aufzubauenden/

Tab. 3.1 Das SWOT Modell. (Quelle: eigene Darstellung)

	Opportunities	Threats
Strenghts	Haben wir die Stärken, um Chancen zu nutzen?	Haben wir die Stärken, um Risiken zu bewältigen?
Weaknesses	Welche Chancen verpassen wir wegen unserer Schwächen?	Welchen Risiken sind wir wegen unserer Schwächen ausgesetzt?

zu pflegenden/zu vertiefenden Beziehung zu Sponsoren. Neben einer solchen noch recht allgemeinen Analyse von Stakeholderbeziehungen kann die SWOT-Analyse natürlich auch für einzelne Kommunikationspartner, so z. B. auch für einen einzelnen (Groß-) Sponsor durchgeführt werden (Tab. 3.2).

3.2.3 Die Stakeholder-Analyse

Vor dem Hintergrund der potenziellen – bewussten oder unbewussten – Beeinflussung der eigenen Zielsetzungen und Qualitätskriterien und zur besseren Abstimmung der weiteren (strategischen) Planungen innerhalb des Netzes von Stakeholdern ist eine Analyse der derzeitigen und zukünftigen Beziehungen unabdingbar. Eine Analyse der Stakeholder verfolgt dabei mehrere Ziele:

- das Ermitteln der relevanten Anspruchsgruppen und ihrer Interessen
- die Bewertung von Bedeutung und Nutzen für das eigene Unternehmen
  das Erarbeiten von Maßnahmen für den zukünftigen Umgang mit ihren Forderungen und Bedürfnissen

Tab. 3.2 SWOT Analyse in Bezug auf Sponsoren. (Quelle: eigene Darstellung)

	Chancen	Gefahren
Schwächen Des eigenen Kulturbetriebes	Welche Schwächen behindern uns, bestimmte Chancen der Beziehung zu Sponsoren zu nutzen? Z. B. mangelndes Know-How i. d. S.; Überlastung/ Personalmangel, schlechte Marketingkompetenz	Welche Schwächen stellen in Verbindung mit möglichen Gefahren aus der Beziehung mit Sponsoren ein Risiko dar? Z. B. viel Arbeit für nichts; Publikum reagiert negativ
Stärken Des eigenen Kulturbetriebes	Welche eigenen Stärken bieten eine Chance im Aufbau der Beziehung zu Sponsoren? Z. B. eigene sehr klare CI; gute Kenntnis des eigenen Publikums; eigene Marktforschungserfahrung	Mit welchen eigenen Stärken können welche (potenziellen) Gefahren aus der Beziehung zu (bestimmten) Sponsoren abgewendet werden? Z. B. Sponsor kann nach eigener CI ausgewählt werden; die Wirkung des Sponsorings beim Kunden kann vorher eruiert werden; Beherrschung von Verhandlungstechniken schützt vor Übervorteilung

Die Ermittlung der relevanten Anspruchsgruppen
Zunächst müssen die Stakeholder des Kulturbetriebes ermittelt und aufgelistet werden. Neben den externen Gruppen, Institutionen und Personen sollten auch die internen Anspruchsgruppen ins Auge gefasst werden. Denn auch die Ziele und Bedürfnisse der Mitarbeiter müssen nicht zwangsläufig mit den Zielen der Unternehmensleitung übereinstimmen. Von besonderer Bedeutung für Kulturbetriebe sind auch die fest angestellten oder freiberuflichen Kulturschaffenden oder Künstler, die für das Unternehmen Kultur „produzieren". Gerade für strategische Planungen ist es wichtig, die Interessen und Bedürfnisse auch dieser Zielgruppe im Auge zu haben, denn: eine stärkere Ausrichtung am Markt oder ein stärkeres Zugehen auf Sponsoren kann mit den kulturellen/künstlerischen Zielsetzungen der internen Kulturproduzenten durchaus kollidieren.

Eine erste Orientierung für die Auflistung bietet die o. g. Stakeholder-Systemik (Abb. 2.1). Natürlich hat aber jeder Kulturbetrieb seine eigenen Netzwerke, und manchmal ist es sinnvoll, einfach die Mitarbeiter nach allen von ihnen gepflegten externen Kontakten zu befragen, um ein umfassendes Bild über die Anspruchsgruppen zu erhalten. Wichtige Fragen sind in diesem Zusammenhang:

- Mit welchen Anspruchsgruppen pflegen wir Kontakte?
- Auf wessen Interessen nehmen wir inwieweit Rücksicht und welche vernachlässigen wir?
- An welchen Vorgaben müssen wir uns ausrichten?
- Gibt es Gruppierungen, von denen Aktionen in Zusammenhang mit der Unternehmenspolitik bzw. -strategie ausgehen?
- Welche Gruppierungen spielen (schon jetzt) eine formelle/informelle Rolle bei der Formulierung der Unternehmenspolitik bzw. -strategie?
- Wer sind die Repräsentanten der Stakeholder?
- Welche Bezugsgruppen sollten – aufgrund geänderter Rahmenbedingungen – in naher Zukunft erstmalig angesprochen werden (und gehören damit zu den zukünftigen Stakeholdern)?

Ermittlung der Stakeholderbeziehung
Stehen die Stakeholder fest, sollte für jeden Stakeholder nach der Art der augenblicklichen Beziehung gefragt werden (Abb. 3.2). Die in der Abb. 3.2 formulierten Fragen bieten sich an.

Nutzen und Aufwand der Stakeholderbeziehungen
In einem weiteren Schritt, sollte geklärt werden, welchen Nutzen die Beziehungen zu bestimmten Stakeholdern für das eigene Unternehmen haben. Es

Beziehung zu Stakeholder:			
Merkmal der Beziehung	**Merkmalsausprägung**		
	hoch	mittel	niedrig
Wichtigkeit der Beziehung			
Kommunikationsaufwand			
Freiheitsgrad der Beziehung			
Dauer der Beziehung			
Intensität			
Institutionalisierung			
Kooperationsbereitschaft der Partner			
...			

Abb. 3.2 Stakeholder Beziehung. (Quelle: Eigene Darstellung)

Stakeholder	**Tatsächlicher/ vermuteter Nutzen bei funktionierender Beziehung**
Mitarbeiter	Einsatz, Leistung: Loyalität etc.
Kapitalgeber (Träger, Sponsoren, Spender):	zur Verfügung stellen von (langfristigem) Kapital etc.
Medien	Sorgfältige & fundierte Recherche, wahrheitsgetreue/ positive Berichterstattung, Information, Fairness etc.
Kunden	Kauf der Kulturprodukte & kulturellen Dienstleistungen, positive Mundwerbung, Kundentreue etc.
(Kultur-)Politik:	Infrastruktur, Meinungsbildung, Förderung
...	...

Abb. 3.3 Nutzenaufstellung zu eigenen Stakeholdern. (Quelle: Eigene Darstellung)

muss klar sein, „was es bringt", wenn Beziehungen mit viel Aufwand aufgebaut und gepflegt werden (Abb. 3.3).

Im Anschluss an die Nutzenfrage, sollten nun die feststehenden oder vermuteten Erwartungshaltungen/Interessen der Stakeholder gegenüber dem Unternehmen festgestellt werden (Abb. 3.4). Diese Erwartungshaltungen können (im Vorfeld einer Befragung der Anspruchsgruppen) zunächst grob eingeschätzt werden. Eine genauere Vorstellung von den Interessen der Stakeholder bekommt man in der Regel durch das persönliche Gespräch oder durch verschiedene standardisierte Befragungsmethoden (Kundenbefragung, Mitarbeiterbefragung etc.) Bei

Stakeholder	Mögliche Erwartungen/ Interessen
Mitarbeiter	Einkommen, Arbeitsplatzsicherheit, Status, Sozialbeziehungen, Sinn, Identität, Selbstverwirklichung
Kulturschaffende/ Künstler	Selbstverwirklichung, Selbstausdruck, Gesellschaftskritik, finanzielle Absicherung
Führungskräfte	Beteiligung, Umsatzwachstum/ Gewinn, Status, Macht, Sicherheit der Stellung, Selbstverwirklichung
Kunden	Produktqualität, Preiswürdigkeit, Konditionen, Image, Erlebnis, Service
Banken	Bonität, Kalkulierbares Risiko, Macht
Sponsoren	Werbeeffekte, Image, professioneller Auftritt, Vermittlung an spezielle Kundengruppen
Spender/ Förderer	Selbstverwirklichung durch Mäzenatentum, Beständigkeit, Mitbestimmung, Information
Öffentlicher Träger	Umsetzung kulturpolitischer Zielsetzungen, Einhaltung von Vorschriften, Macht
...	...

Abb. 3.4 Mögliche Erwartungen ausgewählter Stakeholder. (Quelle: Eigene Darstellung)

einigen Stakeholdern wird es darüber hinaus wichtig sein, zu ermitteln, welche Einzelinteressen der jeweilige Repräsentant des Stakeholders persönlich verfolgt. Gerade hierbei ist der persönliche Kontakt unerlässlich.

Die so ermittelten Erwartungshaltungen und Interessen des Stakeholders und der tatsächliche oder vermutete Nutzen der Beziehung für das eigene Unternehmen sollten nun gegenübergestellt werden. So ist es möglich eine erste Vorstellung vom „Preis" der Beziehung zu bekommen. Ob eine (zukünftige) Kooperationen als „lohnend" empfunden wird, hängt allerdings von den individuellen Einschätzungen aller Beteiligten ab.

Die Stakeholder-Relevanz-Matrix
Einen Schritt weiter in der Analyse geht man, wenn man herausfindet, inwieweit Stakeholder das eigene Unternehmen beeinflussen und inwieweit die Stakeholder selbst beeinflussbar sind. Hier bietet sich – als einfaches Instrument – die Relevanz-Matrix an (Abb. 3.5).

In einem ersten Schritt werden die Stakeholder in der Relevanz-Matrix positioniert. Damit verfügt der Kulturmanager gewissermaßen über den Ist-Zustand seiner Stakeholderbeziehungen. In einem zweiten Schritt sollten nun die Stakeholder so positioniert werden, dass die Positionen ihrem zukünftigen Einfluss und dem Grad der zukünftig als möglich angenommenen Beeinflussbarkeit entsprechen.

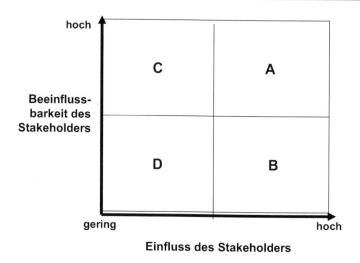

Abb. 3.5 Relevanz-Matrix der Stakeholder. (Quelle: Eigene Darstellung)

Aus der Gegenüberstellung von Ist- Zustand und Soll-Zustand lässt sich erkennen, bei welchen Stakeholderbeziehungen am meisten (an Beziehungsarbeit, Zeit, Ressourcen etc.) zu investieren ist, um den Soll-Zustand zu erreichen. Die einzelnen abzuleitenden Tätigkeiten lassen sich über verschiedene Moderations- und Kreativitätstechniken, ggf. in Workshop-Form erarbeiten.

Die Stakeholderbeziehungsanalyse
Die Aufgaben im Rahmen der Beziehungspflege zu den wichtigen Stakeholdern lassen sich auch in einem differenzierteren Analyseverfahren ermitteln. Mit der Stakeholderbeziehungsanalyse wird die Bedeutung der Beziehung sowie die Dringlichkeit der Konsolidierung bzw. des Aufbaus einer entsprechenden Beziehung den eigenen Kompetenzen im Aufbau bzw. in der Pflege einer Beziehung zu bestimmten Stakeholdern gegenübergestellt (Hoffmann 2003, S. 12 ff.). Aus dieser Gegenüberstellung lassen sich dann die entsprechenden Arbeitsschritte ableiten. Zu Beginn der Analyse werden die bestehenden oder auch aufzubauenden Stakeholderbeziehungen nach verschiedenen Kriterien bewertet: Zunächst wird die allgemeine Bedeutung eingeschätzt, welche die Stakeholderbeziehung für vergleichbare Kultureinrichtungen hat (Wie wichtig sind z. Zt. Beziehungen zu Sponsoren für Volkshochschulen in Deutschland/im Bundesland X?). Danach folgt die Einschätzung der Bedeutung für das eigene Haus (Wie wichtig sind Sponsorenbeziehungen für die eigene Volkshochschule?). Im Anschluss an die Wichtigkeit wird die Dringlichkeit bewertet (Wie dringend

werden [weitere] Sponsorenbeziehungen für meine Volkshochschule benötigt?). Das Ergebnis der ersten Bewertung ist der „Stakeholder-Entwicklungsdruck". Diesem wird nun in einem zweiten Schritt – nach der entsprechenden Bewertung – die eigene Kompetenz im Aufbau/in der Pflege der Beziehung zu dem jeweiligen Stakeholder gegenübergestellt. Die Berechnung der Priorität im Aufbau bzw. in der Vertiefung der Beziehung zu den jeweiligen Stakeholdern erfolgt in drei Stufen:

- Man multipliziert die Punktzahlen der „Dringlichkeit" (z. B. $= 3$) und der Bedeutung für das eigene Unternehmen jeweils mit dem Faktor 2 und addiert zu der erhaltenen Summe die Punktzahl für die „allgemeine Bedeutung". Der Gesamtwert stellt den „Stakeholder-Entwicklungsdruck" dar.
- Nun multipliziert man die Punktzahl für das Kriterium „unsere Kompetenz" mit dem Faktor 5. Dieser Wert beschreibt den „Kompetenz-Gegendruck".
- Anschließend wird die Differenz zwischen „Stakeholder-Entwicklungsdruck" und dem „Kompetenz-Gegendruck" gebildet. Je größer die Differenz, desto notwendiger erscheint die Einleitung von Maßnahmen. Bei einer Differenz, die größer als 4 ist, sollten man eine A-Priorität vergeben. Bei einer Differenz von 4 bis 2 Punkten ergibt sich eine B-Priorität. Differenzen, die kleiner als 2 sind, verlangen vorerst keine Maßnahmen und erhalten die C-Priorität (Abb. 3.6).

Stakeholderbeziehung Zu	Allgemeine Bedeutung[1] (x 1)	Bedeutung für uns[1] (x 2)	Dringlichkeit[2] (x 2)	Unsere Kompetenz[3] (x 5)	Priorität[4] (A, B oder C)	Mögliche Maßnahmen	Zuständigkeit	Lösungsvorschlag bis:
Sponsoren								
(öffentlicher) Träger								
Spender/Förderer								
Presse								
...								

[1]	Bedeutung der Stakeholderbeziehung: 5 = sehr große Bedeutung, 4 = große Bedeutung, 3 = durchschnittliche Bedeutung; 2 = minimale Bedeutung; 1 = keine wesentliche Bedeutung
[2]	Dringlichkeit – bis wann sollten die Beziehungen konsolidiert sein: 5 = sofort; 4 = in einem halben Jahr, 3 = in einem Jahr; 2 = in den nächsten 2 Jahren; 1 = Beziehung sollte vorerst nicht bearbeitet werden
[3]	Unsere Kompetenz im Aufbau/ in der Pflege der Beziehung: 5 = sehr hohe Kompetenz; 4 = hohe Kompetenz; 3 = durchschnittliche Kompetenz; 2= geringe Kompetenz; 1 = keinerlei Kompetenz bei uns vorhanden
[4]	Priorität - Auswirkungen: A-Priorität = sofortige Maßnahmen mit Projektteam; B-Priorität = Einleitung von mittel- bis kurzfristigen Anpassungsprozessen; C-Priorität = keine Maßnahmen, aber weiterhin Beobachtung

Abb. 3.6 Stakeholderbeziehungsanalyse. (Quelle: Eigene Darstellung)

Bei A- und B-Prioritäten kann man nun in einem Workshop mit Fach- und Führungskräften geeignete Maßnahmen bestimmen und für die Umsetzung dieser Maßnahmen zuständige Mitarbeiter oder Teams ernennen, die zu einem bestimmten Zeitpunkt das Ergebnis ihrer Arbeit vorlegen müssen. Der Ablauf des (internen) Workshops könnte folgendermaßen gestaltet werden:

1. Einleitung durch den Moderator
2. Einstimmung und Motivation der Teilnehmer zum Engagement/zur Mitarbeit und Bekanntgabe der Zielsetzung des Workshops
3. Vorstellen der Ergebnisse der Stakeholderbeziehungs-Analyse
4. Problemsammlung und -bewertung in einem sog. Problemspeicher
5. Individuelle Problembeschreibung, -definition und -abgrenzung
6. Problemlösungsfindung durch Gruppenarbeit
7. Präsentation bzw. Visualisierung der jeweiligen Gruppenarbeitsergebnisse vor dem Plenum; Plenumsdiskussion und ggf. erneute Gruppenarbeit
8. Ausarbeitungen durch das Plenum bzw. die Gruppen
9. Aktionsplan und Erstellung eines konkreten Maßnahmenkatalogs
10. Abschluss des Workshops
    - klare Aufgabenverteilungen zur Realisierung
    - Terminvereinbarungen zur Ergebniskontrolle
    - Dokumentation, Protokoll
    - „Blitzlicht" (Feedback-Runde)

3.2.4 Weitere Analyse-Instrumente

Neben den o. g. Bewertungs- und Beurteilungsinstrumenten, sind in der Betriebswirtschaftslehre weitere Instrumente entwickelt worden, die insbesondere die wirtschaftliche und marketingtechnische Verortung des Unternehmens bzw. seiner Produkte und Dienstleistungen zulassen. Es hätte allerdings den Rahmen des vorliegenden Arbeit gesprengt, sie alle im Detail zu beschreiben. Zu nennen sind hier beispielsweise

- die Portfolioanalyse,
- die Produktmatrix nach Ansoff,
- die ABC-Analyse,
- die Szenario-Technik,
- die Balanced Scorecard (BSC),
- die Konkurrenz- und Marktdynamik nach Porter.

Auch diese Instrumente können – in abgewandelter Form für die Analyse des Ist-Zustands des betroffenen Kulturbetriebes herangezogen werden, auch wenn sie nicht direkt den systemischen Methoden zugeordnet werden können.

Es ist hier angebracht, eine Einschränkung zu machen. Natürlich lässt sich unter den dargestellten schnelllebigen Veränderungen über Analyseinstrumente nicht alles erkennen und vorhersagen. Malik schreibt hierzu: „Jede Führungskraft wird im Laufe ihrer Praxis die Erfahrung machen, dass die Steuerung von Entscheidungsprozessen eine problematische und schwierige Angelegenheit ist. Aus ähnlichen Gründen (…) kann man praktisch nie alles wissen, was man eigentlich wissen müsste, um im üblichen Sinne rational entscheiden zu können. Hinzu kommt, dass im Rahmen eines größeren Entscheidungsprozesses eine Anzahl von Teilentscheiden häufig nicht bewusst getroffen wird, sondern durch faktisches Handeln entschieden wird." (Malik 2009, S. 245).

3.3   Die Operationalisierung der Analyseergebnisse: Die effiziente Kommunikation mit den relevanten Stakeholdern

Nachdem die Stakeholder, ihre Interessen und ihre Bedeutung für das eigene Unternehmen analysiert wurden, stellt sich für den Kulturmanager die Frage, wie er die Kommunikation zu den relevanten Partnern gestaltet. Grundsätzlich muss geprüft werden, ob die persönlichen kommunikativen Fähigkeiten der Mitarbeiter, die als Repräsentanten des Kulturbetriebs mit den Stakeholdern Kontakte pflegen, den Anforderungen der zu leistenden Beziehungsarbeit gerecht werden. Außerdem müssen adäquate Formen und Instrumente der Kommunikation gefunden werden, die dazu dienen, die Beziehung zu den Stakeholdern in der gewünschten Weise aufzubauen bzw. aufrecht zu erhalten.

3.3.1   Die Kommunikationsfähigkeit des Kulturmanagers

Beziehungsmanagement ist zu einer Kernkompetenz des Kulturmanagers geworden. Geglückte Kommunikation mit den Stakeholdern bzw. ihren Repräsentanten hängt von der Fähigkeit ab, zu verstehen und zu durchschauen, welche Vorgänge sich abspielen, wenn Menschen miteinander kommunizieren. In verschiedenen Ansätzen der Kommunikationspsychologie wird davon ausgegangen,

dass jeder Mensch in seiner Vergangenheit über seine Sozialisation im sozialen und kulturellen Umfeld unterschiedliche Erfahrungen gemacht hat und sich
anhand dieser Erfahrungen in seinem Kopf seine ganz individuelle Landkarte der
Welt konstruiert. Es ist wichtig, zu wissen, dass diese Wirklichkeitsvorstellungen
von Personen und Unternehmen handlungsleitend sind und die Wahrnehmung
beeinflussen. Gleiche Informationen werden von verschiedenen Personen unter-
schiedlich aufgenommen. Die Wahrnehmung ist stets durch die Erwartungsein-
stellung mitbestimmt. Jeder Mensch sieht daher die Welt anders, auch wenn die
meisten von uns die eigene Landkarte der Welt für die einzig wirkliche Realität
halten. Auch die Frage nach der Qualität von Kunst bzw. die Frage, was denn
ein gutes kulturelles Angebot ist, kann unter diesem Gesichtspunkt beantwortet
werden: Es kommt auf die Perspektive an. Die Stakeholder einer Kultureinrichtung werden immer ihre eigene Vorstellung davon haben, wie die Leistungen
der Kultureinrichtungen zu bewerten sind. Die Hauptprobleme vor denen der
Kulturmanager daher als Beziehungsmanager steht, sind die tatsächlichen und
die zu erwartenden Missverständnisse zwischen den Akteuren. Eine der wich-
tigsten Spielregeln gelungener Kommunikation, die sich hieraus ableitet, lautet:
„Kommunizieren Sie teilnehmerorientiert!" Kommunikation ist nämlich dann
erfolgreich, wenn Informationen so mitgeteilt wurden, dass die gewünschten Wir-
kungen bei den ausgewählten Kommunikationspartnern entstanden sind. „Erst
wenn ich die Reaktion sehe, weiß ich was ich gesagt habe", ist eine prominente
Beschreibung dieser Tatsache. Es geht darum, sich und seine Kommunikation
auf den jeweiligen Gesprächsteilnehmer und seine Wirklichkeitsvorstellung ein-
zustellen. Das Hineinversetzen in den Gesprächspartner und die Fähigkeit Sach-
verhalte aus dessen Blickwinkel wahrzunehmen (=Empathie) ist hier eine sehr
hilfreiche Vorgehensweise. All dies mag fast selbstverständlich klingen, im Alltag
wird jedoch laufend gegen diese Regeln verstoßen. Beispiele zu Situationen in
denen an der Aufnahmefähigkeit und Motivationslage der Gesprächspartner „vor-
bei-kommuniziert" wird gibt es genug:

- leserunfreundliche Benutzerordnungen städtischer Bibliotheken,
- überlange Pressemitteilungen,
- überladene Projekt-Präsentationen vor potenziellen Sponsoren,
- Ausstellungskonzepte unter Missachtung museumspädagogischer Standards,
- stundenlange „Meetings".

Über die Interessenlagen und Erwartungshaltungen der Stakeholder und der
jeweiligen Repräsentanten ist bereits einiges gesagt worden. Diese Interessenlage

gilt es in der Kommunikation immer wieder aufzugreifen. Grundfragen, die sich jeder Beziehungsmanager stellen muss, lauten:

- Was möchte mein Kommunikationspartner wissen?
- Was sollte es außerdem erfahren (weil es mir wichtig ist, dass er es erfährt)?
- Wie muss ich die Information aufbereiten, um meinen Kommunikationspartner zu „erreichen"?

Ganz praktisch leitet sich daraus ab, dass beispielsweise die Präsentation eines geplanten Kulturprojekts vor potenziellen Sponsoren anders aussehen muss als eine Präsentation des gleichen Projekts vor dem Förderverein oder während der Pressekonferenz.

> ▶ Zusammenfassend lässt sich sagen, dass an die kommunikativen Fähigkeiten des Kulturmanagers und die Mitarbeiter des Kulturbetriebes hohe Anforderungen zu stellen sind, und jeder Kulturschaffende sollte sich über seine eigenen entsprechenden Fähigkeiten und/oder Schwächen im Klaren sein.

Es lohnt sich, bei den betroffenen Mitarbeitern und Führungskräften, die persönliche Beziehungen zu Stakeholdern aufbauen bzw. pflegen sollen, mithilfe der Checkliste (Abb. 3.7) einmal (und wiederkehrend) den Bildungsbedarf hinsichtlich der kommunikativen Kompetenzen zu hinterfragen.

Diejenigen, die hier oft mit einem „Nein" oder auch nur zögerlich geantwortet haben, sollten sich intensiver mit dem Thema Kommunikation beschäftigen, bzw. für diese Mitarbeiter, sollte das Thema Kommunikation im Rahmen der weiteren Personalentwicklung eine gewisse Priorität haben.

3.3.2 Die Kommunikationsmatrix als Instrument der strukturierten Kommunikationsplanung

Neben den persönlichen kommunikativen Fähigkeiten der Mitarbeiter des Kulturbetriebes sind es auch die Kommunikationsstrukturen, die auf die Qualität der Beziehungen zu den Stakeholdern entscheidenden Einfluss nehmen. Ein Instrument, diese Beziehungen zu strukturieren, ist die sog. Kommunikationsmatrix (Abb. 3.8). Sie erfüllt – nebenbei – auch die Forderung nach einer kontinuierlichen und systematischen Öffentlichkeitsarbeit. In der Matrix werden die einzelnen Stakeholder des Unternehmens oder des Kulturprojekts den

Kommunikative Fähigkeiten	Ja	Nein
Kennen Sie die Grundsätze der menschlichen Kommunikation? (z.B. Axiome der Kommunikation, Vier-Ohren-Modell, Grundlagen der Körpersprache, Transaktionsanalyse, NLP u.ä.)		
Kommunizieren Sie immer teilnehmerorientiert?		
Können Sie sich klar und verständlich ausdrücken?		
Können Sie eine Sache kurz und einfach erläutern?		
Können Sie Ihren Standpunkt argumentativ gut darlegen?		
Strukturieren Sie ihre Gespräche?		
Verfügen Sie auch über nonverbale Kommunikationsfähigkeit?		
Verfügen Sie über differenzierte Fragetechniken?		
Kommen Sie mit verbalen Angriffen klar?		
Können Sie in Konflikten gut vermitteln und schlichten?		
Können Sie gut verhandeln?		
Beherrschen Sie die Nutzenargumentation für die jeweilige Zielgruppe?		
Beherrschen Sie Einwandtechniken?		
Beherrschen Sie Präsentationstechniken?		
Sind Sie in der Lage mit einer kurzen Vorbereitungszeit einen 10minütigen Vortrag über eines Ihrer Spezialthemen bzw. zu Ihrer Kultureinrichtung zu halten?		

Abb. 3.7 Checkliste Kommunikative Fähigkeiten. (Quelle: Eigene Darstellung)

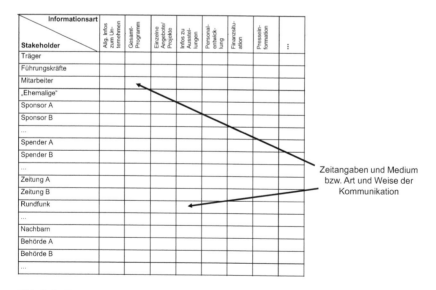

Abb. 3.8 Kommunikationsmatrix. (Quelle: Eigene Darstellung)

Informationsarten, also den Anlässen der Kommunikation (aus Sicht der Kultureinrichtung), gegenübergestellt. In die offenen Felder werden dann die Formen der Kommunikation und die Zeiteinheiten oder Termine eingetragen (z. B. Sponsorentreffen/vierteljährlich; Mitarbeiterversammlung/am...; Projektmeeting/alle zwei Wochen; Strategieworkshop/jährlich etc.).

3.3.3 Analyse- und Befragungsformen

Mitarbeiter und wichtige externe Stakeholder sollten – wenn möglich – beteiligt werden an der Entwicklung des Kulturbetriebes. Auf der einen Seite wird damit die Motivation bei den Betroffenen erhöht, den Veränderungsprozess zu unterstützen, auf der anderen Seite gewinnt der Kulturmanager durch die verschiedenen Beteiligungsformen wichtige Informationen von der Basis und aus verschiedenen Perspektiven. Diese helfen, das Veränderungsprojekt realistischer zu gestalten und Chancen und Gefahren rechtzeitig zu erkennen.

Folgende Veranstaltungsformen bieten sich für die Beteiligung der Betroffenen und für die Analyse an:

- Befragungen (in verschiedenen Formen),
- moderierte Workshops.

Die genannten Analyse-/Befragungsinstrumente sollen nun kurz und übersichtsartig beschrieben werden. Man sollte sie nur praktisch anwenden, wenn man sie selbst auch beherrscht. Hierzu ist i. d. R. eine vorausgehende Ausbildung notwendig, in der die Methoden vorgestellt und eingeübt werden. Alternativ dazu sollte man auf externe Profis zurückgreifen (anerkannte OE-Berater) welche die grundsätzliche Organisation und Planung sowie die Moderation und Auswertung der Veranstaltungen innerhalb des Veränderungsprozesses übernehmen.

Befragungen
Bei der Befragung handelt es sich um eine direkte Methode der Informationsgewinnung. Sie kann sich an die eigenen Mitarbeiter und internen Kulturschaffenden und/oder externe Stakeholder wenden. Im Rahmen der Organisationsentwicklung des Kulturbetriebes kann beispielsweise zu folgenden Themenbereichen befragt werden:

- Bekanntheit Vision/Mission
- Künstlerische/kulturelle Leistungspalette

- Wettbewerbsumfeld
- Wirksamkeit von Aufbauorganisation und Ablauforganisation
- Räumliche Verhältnisse und äußere Arbeitsbedingungen
- Führungssysteme und Führungsverhalten
- Motivation, Identifikation und Arbeitsklima
- Informationsfluss
- Aktualität des Programms
- Image bei externen Stakeholdern

Fraglich ist in der Regel, wie befragt werden soll, denn es bietet sich mittlerweile eine Anzahl an Varianten an. Es geht immer um das ausgewogene Verhältnis von Aufwand der Befragung auf der einen Seite und der Qualität der gewonnenen Erkenntnisse auf der anderen Seite. Hier gibt es nicht die eine Lösung. Meistens stellt sich ein Mix verschiedener Befragungsmethoden als sinnvoll heraus. Die verschiedenen Befragungsmethoden sollen kurz vorgestellt werden:

Einzelinterview
Es handelt sich um ein persönliches Einzelgespräch, in dem halb strukturiert (orientiert an einem Leitfaden) befragt wird. Die Themenbereiche sind vorgegeben; im Rahmen der einzelnen Themen findet ein offener Dialog statt (Zeitbedarf: 1–1,5 h) (Tab. 3.3).

Gruppeninterview
Es wird eine Gruppe von fünf bis sieben Personen in einem halb strukturierten Gespräch befragt (Zeitbedarf: 3–4 h) (Tab. 3.4).

Hearing
Kurze-Befragung einer größeren Zahl von Personen, die jeweils nur für eine begrenzte Zeit verfügbar sind bei wechselnder Zusammensetzung der Befragungsgruppe während der Befragung (Zeitbedarf: 0,5 Tage) (Tab. 3.5).

Tab. 3.3 Einzelinterview

Vorteile	Nachteile
Persönliche und individuelle Ansprache des Einzelnen, Höchster Offenheitsgrad, Hohe Interaktivität (Qualität der Kommunikation), Tiefgang der Analyse	Hoher Zeitaufwand (bei großen Zielgruppen i. G. nur vereinzelnd und in Kombination mit anderen Methoden geeignet)

Tab. 3.4 Gruppeninterview

Vorteile	Nachteile
Größere Zielgruppen erfassbar Wichtige Punkte werden sehr deutlich erkennbar Hohe Lebendigkeit Gruppenaktivität fördert Teamkultur	Individuelle Offenheit nicht ganz so hoch Gruppendynamik überlagert eventuell das Geschehen (nicht alle kommen gleich- wertig zum Zuge) Eventuell zwei Befrager notwendig

Tab. 3.5 Hearing

Vorteile	Nachteile
Rascher Überblick über die Gesamtsituation sowie über Schlüsselthemen Viele Personen können in kürzester Zeit und mit geringstem Aufwand erste Trendaus- sagen einbringen Auch kurzfristig problemlos organisierbar	Begrenzter Tiefgang der Analyse (Prob- leme können nicht gründlich besprochen werden) Offenheit bei heiklen Themen begrenzt Je nach spezifischer Managementkultur und personeller Konstellation: Gefahr der „Rummelplatz-Veranstaltung"

Tab. 3.6 Schriftliche Befragung

Vorteile	Nachteile
Problemlose Bewältigung großer Ziel- gruppen Aufgrund quantitativer Verteilungen erkenn- bare Prioritäten Allgemeine Akzeptanz (Image der Objektivität)	Die Ergebnisse (Zahlen und Prozentwerte) sind in der Regel schwer interpretierbar (sie liefern nur Hinweise auf Problem-Schwer- punkte; jedoch keine Hintergründe für das Verständnis der Zusammenhänge) Befriedigende Rücklaufquoten sind die Ausnahme Anonyme (unpersönliche) und schriftliche (bürokratische) Form der Mitarbeiter-An- sprache

Schriftliche Befragung

Die Befragung erfolgt mit standardisiertem Fragebogen (als Print- oder Intranet-Version) mit dem überwiegenden Einsatz skalierter Antworten und einiger offener Antwortmöglichkeiten (Zeitbedarf: 0,5–1 Stunde/zum Ausfüllen) (Tab. 3.6).

Durchführung von moderierten Workshops

Der Workshop ist eine Veranstaltungsform, bei der sich eine Gruppe außerhalb ihrer regulären Tätigkeit (ggf. unter Einbeziehung von Fach-Experten) eine längere Zeit für die spezielle Lösung einer Aufgabe nimmt und zusammen daran arbeitet. Die Ergebnisse wirken über den Workshop hinaus. Moderiert wird der

Workshop durch die Workshop-Leitung. Der Workshop Arbeit ist charakterisiert durch die aktive Teilnahme der Gruppenmitglieder, Interaktivität, praktische Übungen, Visualisierung der Ideen und Beiträge sowie eine offene Planung in Reaktion auf die Gruppengeschehnisse.

Für Organisationsentwicklungsprozesse bieten sich beispielsweise zu Beginn oder auch zwischendurch sogenannte Diagnose-Workshops an. Hieran nimmt eine Gruppe von ca. 20–25 Personen teil (z. B. Betroffene aus einer Abteilung). Bei dem moderierten Workshop werden Aussagen der Teilnehmer auf Moderationskarten bzw. durch Aussagen/Zurufe gesammelt und anschließend durch Clusterung (thematisches Ordnen) verdichtet. Dies funktioniert schon mit relativ einfachen Fragen, wie z. B.:

- Was läuft im Prozess gut?
- Was läuft derzeit im Prozess nicht gut?
- Welche aktuellen Fragen stellen sich uns?
- …

Anschließend werden die Ergebnisse im Plenum oder in Kleingruppenarbeit vertiefend diskutiert. Der nächste Schritt könnte dann in der gemeinsamen Erarbeitung von Lösungen liegen (Zeitbedarf: 1 Tag) (Tab. 3.7).

Geleitet bzw. moderiert werden sollte ein Workshop nur von entsprechend ausgebildeten und fähigen Mitarbeitern, die auch Führungserfahrung besitzen sollten. Der Moderator ist in seiner Rolle ein aktiver Dienstleister für die Gesamtgruppe und Unterstützer für die Verständigung und die Zusammenarbeit. Zu seinen Aufgaben gehören

- ein Klima der Offenheit und des Vertrauens zu schaffen (lockerer entspannter Umgangsstil),
- die Förderung der Kommunikation (Sorge tragen für Zuhören, Nachfragen, Klärungen),

Tab. 3.7 Diagnose Workshop

Vorteile	Nachteile
Hohe Vielfalt von Ergebnissen, breites Spektrum aufgezeigter Aspekte Gleichzeitig: Deutlichwerden der Prioritäten Flexibles Vertiefen der Analyse möglich Frühes Erkennen von Widerständen und Divergenzen Nachhaltige Wirkung bei allen Beteiligten	Verhältnismäßig hoher organisatorischer Aufwand Hoher Zeitaufwand für die einzelnen Teilnehmer

- für Konkretisierungen zu sorgen (durch Beispiele, Ergänzungen und Analogien)
- das Wesentliche herauszuarbeiten und Zwischenergebnisse zusammenzufassen,
- für Visualisierungen zu sorgen (bildhafte Darstellungen von Zusammenhängen, Ergebnisprotokoll an Pinwand/Flipchart etc.),
- Wortmeldungen zuzuteilen (abhängig von Größe und Dynamik der Gruppe),
- stille Gesprächsteilnehmer zu aktivieren und Vielredner zu bremsen (z. B. durch Weggucken),
- Meinungs- und Interessenunterschiede offenzulegen und Konflikte zu bearbeiten,
- die Teilnehmer immer wieder zum eigentlichen Thema zurückzuführen,
- die Teamentwicklung und die Hilfe zur Selbsthilfe (Team soll aktiv werden und bleiben),
- das Gesamtteam als „Kunden" zu betrachten (keine positive/negative Sonderbehandlung von Einzelnen),
- Zeitmanagement und Ergebnissicherung und
- gemeinsame Bilanz und Manöverkritik.

Beteiligungsformen zur Einbeziehung der Stakeholderperspektiven: Großgruppenveranstaltungen

Die Analyse der Stakeholderbeziehungen am Schreibtisch bzw. innerhalb des eigenen Unternehmens, kann ergänzt und erweitert werden, indem die Stakeholder direkt an der (strategischen) Planung bzw. Neuausrichtung des Kulturbetriebes beteiligt werden. Hierzu stehen seit einiger Zeit verschiedene Verfahren als Instrumente zur Verfügung. Neben den bekannten Qualitätsmanagementzirkeln, bei denen Kunden an der Produkt- und Qualitätsentwicklung beteiligt werden, werden seit einigen Jahren auch Großgruppenveranstaltungen zur Integration der anderen Stakeholder durchgeführt. Großgruppenverfahren bieten neue Möglichkeiten der Gestaltung von Veränderungsprozessen. Sie sind in Deutschland noch relativ unbekannt, erfreuen sich aber immer größerer Beliebtheit und erobern sich nach und nach ihre Terrains. Bei diesen Veranstaltungsformen geht es darum, den Kontext und den Rahmen zu gestalten, um wirksame Kommunikation zwischen Kulturbetrieb und Stakeholdern zu ermöglichen. Es soll dabei nicht um direkte und lenkende Einflussnahme gehen, vielmehr soll mit den geschaffenen Rahmenbedingungen die Wahrscheinlichkeit der Zustimmung zum Kommunikationsobjekt erhöht werden. Aufgrund des relativ hohen Aufwands solcher Veranstaltungen, sollte der Anlass für die Durchführung einen entsprechenden Stellenwert haben. Situationen bei denen sich Großgruppenveranstaltungen mit (ausgewählten) Stakeholdern anbieten sind beispielsweise

- eine neue Strategie,
- Änderung der Unternehmensphilosophie,
- Führungswechsel,
- Marktveränderungen,
- Krisen- oder Wachstumssituationen,
- Fusionen und
- die Organisation von großen Kulturevents.

Großgruppenveranstaltungen stellen für den jeweiligen Kulturbetrieb eine große Herausforderung dar. Sie bieten aber die Chance, einen vergleichsweise großen Teilnehmerkreis (je nach Methode: 25–2000 Teilnehmer) ansprechen und mobilisieren zu können, ohne auf unmittelbare Begegnungen und Auseinandersetzungen verzichten zu müssen. Allerdings setzt diese Zielsetzung eine differenzierte und zielgruppenorientierte Vorbereitungsphase unter Einbeziehung der beteiligten Schlüsselpersonen voraus. Werden Großgruppenverfahren und neue Veranstaltungsformate undifferenziert eingesetzt, besteht die Gefahr, dass trotz eines erheblichen organisatorischen Aufwands und entsprechenden Kosten die Veranstaltung wirkungslos bleibt: Die Teilnehmer gehen dann enttäuscht nach Hause (Burow et al. 2002, S. 5).

Als ein Beispiel für eine bekannte und bewährte Großgruppenveranstaltungen soll im Folgenden der Open Space vorgestellt werden – eine hocheffektive Konferenzform ohne feste Tagesordnung (für weitere Veranstaltungsformen siehe: https://organisationsberatung.net/).

▶ **Open Space** ist eine Interaktive Konferenzmethode, bei der die Einladenden zwar den thematischen Rahmen liefern, die Teilnehmer aber selber ihre Fragestellungen und Anliegen einbringen (die sie in Bezug zum thematischen Rahmen am meisten interessieren).

Die Methode eignet sich besonders, um komplexe Herausforderungen mit dem Wissen vieler zu lösen, unterschiedliche Beteiligtengruppen gemeinsame Strategien entwickeln zu lassen, Erfahrungen auszutauschen und voneinander zu lernen, miteinander Handlungspläne zu schmieden und letztlich eine Aufbruchstimmung und Energie unter den Betroffenen zu erzeugen.

Ablauf des Open Space

Eine Open Space Veranstaltung läuft typischerweise folgendermaßen ab (siehe auch Abb. 3.9):

- Einstieg und Themensammlung
  - Begrüßung der Teilnehmer durch die Initiatoren und Moderatoren
  - Einführung in das Thema, Beschreibung der Methode und der Arbeitsprinzipien
  - Ggf. inhaltliche Rahmung durch Impuls-Vorträge
  - Sammeln der Themen und Anliegen der Teilnehmer (als Unterpunkte des Hauptthemas), gemeinsames Erstellen/Strukturieren der Agenda (welche Einzelthemen sollen in welchen Zeiten wo diskutiert werden?); anschließend „Marktplatz"-Phase: Teilnehmer können untereinander aushandeln, wann welcher Workshop stattfindet und ob sich einzelne Zeiten verschieben lassen
- Arbeitsphase
  - Arbeitsaufnahme in kleinen Arbeitsgruppen zu den jeweiligen Themen in den Arbeitsräumen
  - Die Arbeitsräume sind mit Pinnwänden, Flipcharts, Moderationskarten, Stiften und den Formblättern für die Ergebnisdokumentation ausgestattet.

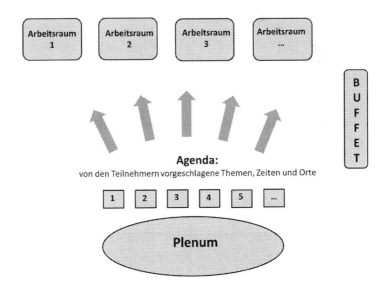

Abb. 3.9 Open Space. (Quelle: Eigene Darstellung)

- Parallel: durchgängiges Buffet zur Selbstbedienung und eigenverantwortlicher Pausengestaltung (auch als informeller Treffpunkt zum Austausch von Eindrücken und „Weiterdenken")
- Vorstellen und Sichten der Ergebnisse
- Die Arbeitsgruppen fassen Kernergebnisse auf Formblättern zusammen.
- Das Redaktionsbüro stellt Berichte auf Dokumentationswand den anderen Teilnehmenden zur Verfügung.
- In der „Lesephase" (und durchgehend in allen Pausen) haben Teilnehmende die Möglichkeit, sich über die Ergebnisse aller Arbeitsgruppen zu informieren
- Abschluss
  - Auswertung der Ergebnisse
  - Priorisierung und Erstellen eines Handlungsplans
  - Ggf. Gründung von weiterführenden Initiativen
  - Verabschiedung der Teilnehmer

3.4   Zwischenfazit

Die tatsächliche und zukünftig zu erwartende Einflussnahme des Systemumfelds auf die Ziel- und Qualitätsvorstellungen von Kulturschaffenden und Kulturmanagern gebietet es, sich über die Interdependenzen seiner Umwelt im Klaren zu sein, um auf der einen Seite Gefahren abzuwenden und auf der anderen Seite die sich bietenden Chancen zu nutzen. Bei der Analyse des eigenen Systems und seiner Ziele ist es daher sehr hilfreich, wenn Ansichten des Gesamtsystems aus den verschiedenen (systemexternen) Blickwinkeln betrachtet werden. Diese Art der Beobachtung kann dazu führen, dass die verschiedenen Systeme füreinander erreichbarer werden, indem die Art, wie das jeweilige System sich selbst sieht, gleichsam mitvollzogen und ausschnittsweise nachvollzogen wird.

Der Kulturmanager – als Beziehungsmanager – hat die Aufgabe seine Stakeholderbeziehungen zu analysieren, d. h. derzeitige und zukünftige Stakeholder festzustellen, ihre unterschiedlichen Realitäten zu erfassen und den jeweiligen Einfluss auf das eigene Unternehmen abzuschätzen, um schließlich eine Struktur zu schaffen, bedeutende Stakeholder kommunikativ in den Qualitätsmanagementprozess im Rahmen strategischer Planungen zu integrieren. Konrad (2000) schreibt: „Im Kulturbereich kann davon ausgegangen werden, dass die Art der Beziehungen sowie die Pflege und Herstellung dieser Kontakte zu anderen Akteuren und Entscheidungsträgern im Umfeld als äußerst wichtig für die Gründung,

den Erfolg und die Etablierung eines Kulturunternehmens anzusehen sind."
(Konrad 2000, S. 27).

Der Aufbau von guten Beziehungen zu den Stakeholdern lässt sich zusammen-
fassend an folgenden Kriterien festmachen:

- Sicherung der Überlebensfähigkeit durch Integration externer Sichtweisen
- langfristige Interessenwahrnehmung
- Qualitätsanspruch
- Partnerschaft
- Offener Dialog nach innen und außen
- teilnehmerorientierte Kommunikation
- Akteure erkennen wechselseitige Entwicklungsmöglichkeiten
- Win/Win-Lösungen

▶ Eine gelingende Kommunikation zu den Stakeholdern hängt ab von
der Analysefähigkeit des Kulturmanagers, seiner Offenheit gegenüber
anderen Sichtweisen sowie seinen kommunikativen Fähigkeiten und
den gewählten Kommunikationsinstrumenten.

Profil und Ausbildung des Kulturmanagers

4

Wie bereits gesagt: Manager und Unternehmensleiter hatten es schon immer mit veränderlichen Rahmenbedingungen und den unterschiedlichen Einflüssen externer Bezugsgruppen, -personen und -institutionen – der Gesamtheit der Stakeholder – zu tun. Es ist das „systemische Mobilé", in dem sich das Unternehmen befindet, welches empfindlicher auf Berührungen und Veränderungen reagiert und die Impulse immer schneller und stärker auf die abhängigen Systemmitglieder überträgt. Kunden werden anspruchsvoller, Rahmenbedingungen ändern sich schneller und die zunehmenden volkswirtschaftlichen Budgetsanierungen stellen ein hohes Finanzrisiko für Kulturbetriebe dar (Bekmeier-Feuerhahn und Ober-Heilig 2004, S. XII).

Das Management im Kulturbetrieb ist im besonderen Maße den kulturellen bzw. künstlerischen Zielen des Kulturbetriebes verbunden, was sich nicht selten in einer großen Affinität der Manager zur inhaltlichen Arbeit niederschlägt. So sind auch nicht zufällig viele Belletristik-Verleger auch exzellente Literaturkenner, Galeristen herausragende Kunstkenner oder manchmal auch Kulturdezernenten Kulturwissenschaftler von hohem Format. Vor dem Hintergrund ihres tiefen Verständnisses der Kultur und dem Grundsatz der Freiheit von Kunst und Kultur gestalten Kulturmanager die betrieblichen Bedingungen, damit sich kulturelle und künstlerische Prozesse entfalten können (Heinrichs 2012, S. 17 f.). Der Kulturmanager wird so zum Anwalt der Kunst. Es muss allerdings darauf hingewiesen werden, dass der Kulturmanager ja häufig selbst der wesentliche Kulturschaffende der Kultureinrichtung (s. o.) ist (und eben nicht ein beigeordneter Verwaltungsleiter). Die beiden „Verantwortungsbereiche" Kultur und Management sind in einer Person vereinigt, und müssen von dieser zusammen und gleichzeitig im Denk- und Handlungsprozess berücksichtigt werden. Daher sprechen Hoppe und Heinze mittlerweile auch von einem „Inklusiven Kulturmanagement" (Hoppe und Heinze 2016, S. 66 ff.).

© Springer Fachmedien Wiesbaden GmbH, ein Teil von Springer Nature 2019   49
E. Hoffmann, *Systemisches Arbeiten für Kulturmanager,* essentials,
https://doi.org/10.1007/978-3-658-23733-2_4

Nach Langholz zeigen allerdings empirische Studien, dass sich viele selbstständige Kulturschaffende gar nicht als Unternehmer sehen. Offenbar behagt vielen kreativ denkenden und handelnden Menschen nicht die Vorstellung, auch als geschäftstüchtige kühle Rechner aufzutreten (Langholz, J. 2011, S. 18). Doch wird an einer managerialen Ausbildung zukünftiger Entscheider in Kulturbetrieben kein Weg mehr vorbeigehen. Die klassischen Kultur- und Medienberufe befinden sich seit Ende der 1980er-Jahre im Umbruch. In den kommunalen Kulturverwaltungen werden Managementqualifikationen wie Marketing, Controlling und strategisches Denken immer wichtiger. Leitungskräfte im Kulturbetrieb wandelten sich vom Bild des „Verwalters" über den „Gestalter" bis hin zum internen „Consultant". Hintergrund dieser Veränderung im Berufsbild sind auch die zahlreichen Verwaltungsreformen, die vor den kommunalen Einrichtungen und deren Mitarbeitern nicht Halt machten. Aus der bisherigen Beziehung zwischen „Amt" und „Bürger" sollte die Konstellation „Dienstleister – Kunde" werden. Ein Umdenken war also nicht nur für Führungskräfte angesagt. Im Gegenteil: Neben einer persönlichen Veränderung mussten die Kulturmanager nun dafür sorgen, dass der „Change" auch bei den eigenen Mitarbeitenden und den internen Strukturen und Prozessen gelang.

4.1 Der „Kybernetes" – das Profil des Kulturmanagers

Der Kulturmanager muss die beschriebenen komplexen Strukturen und Einflussebenen zur Förderung der Interessen des eigenen Betriebes beherrschen. Lahnstein schreibt hierzu bereits 1991: „Angesichts der zahlreichen individuellen Meinungen und Ansprüche erahnen wir, welch umfangreiche Aufgaben (…) einen Kulturmanager erwarten, der soziale, ökonomische, administrative und auch kulturelle Phänomene steuert. Er muss richtig umzugehen wissen mit Personen, mit Inhalten, mit Organisationen, mit den Märkten und auch mit kulturellen und gesellschaftlichen Kuriosa. Jede Entscheidung, ob intern oder extern, setzt zugleich voraus, dass man sein Augenmerk auf die Eigenarten der anderen Seite richtet." (Lahnstein 1991, S. 151). Ein Kulturmanager, der sein Wirken als Steuerungshandlung begreift, muss also versuchen, die Wechselbeziehungen zwischen der Kultur und den externen Gruppen zu erkennen, um im freien Spiel der Kräfte eine Art Dolmetscherfunktion zu übernehmen. Er muss die Sprachen der beteiligten Gruppen kennen, damit er die Interessen der Kultur auch vor dem Hintergrund der jeweils anderen Gruppe gewichten und wahrnehmen kann.

Astrid Schreyögg, Coachingexpertin und Coach-Ausbilderin beschreibt diese Anforderungen als „konzeptionelle Kompetenz": In ihrem Standardwerk

„Coaching" schreibt sie: „Bei dieser Art der Kompetenz besteht immer die Notwendigkeit, in Zusammenhängen zu denken, d. h. Einzelphänomene und einzelne Entscheidungen auf der Folie des organisatorischen Gesamtsystems zu erfassen. Besondere Bedeutung erhalten dabei Qualifikationen von Mehrperspektivität, also die Möglichkeit, Vorgänge von unterschiedlichen Beobachtungsstandorten aus zu untersuchen und sie multiparadigmatisch zu erfassen und zu verstehen." (Schreyögg 2003, S. 31).

Hier hilft wieder die Sichtweise der Systemtheorie: Die Systemtheorie hat sich unter anderem aus der Kybernetik, der Wissenschaft von der Steuerungskunst technischer und sozialer Systeme, entwickelt. Cybernetes ist der Steuermann eines Schiffes. David Taylor schreibt: „Die Welt des Managers der alten Schule erinnert mich an die eines guten Kapitäns zur See. Sein Leben wird von externen Faktoren bestimmt – dem Wetter, dem Meer und den Passagieren. Er kann niemals Herr über diese Kräfte sein, wohl aber über seine Reaktionen, sein Verhalten und die Art seiner Führung." (Taylor 2004, S. 118).

Der Kulturmanager übernimmt im „System Kulturbetrieb" also – systemisch gesprochen – die Aufgabe des Steuermanns, der das Schiff auf einem geraden Kurs halten soll und dazu die Einflüsse von Wind und Wellen korrigieren, also gegen- oder nachsteuern muss. Es geht also darum, Abweichungen vom Ziel, vom erstrebten Zustand, zu verringern. Hierzu muss der Kulturmanager aber eine Vorstellung davon haben, in welche Richtung er sein „Schiff" steuern soll, also was das Ziel sein soll – vor allem auch bezogen auf die angestrebte Qualität. Nur wenn er eine Idee davon hat, was richtig, was gut, was authentisch ist, wird er sein Wirken in diese Richtung lenken können. Die Systemtheorie zeigt dem Kulturmanager aber auch auf, in welches Abhängigkeitsgefüge er eingebettet ist, und welche Hebel er für seine spezifische Zielsetzung bewegen muss. Letztlich wird er seine Entscheidung zugunsten eines bestimmten Ziels fällen und damit oft gegen die Zielsetzung anderer (Stakeholder).

Der Kulturmanager gilt als „Schnittstellenexperte" und sollte von seiner Ausbildung her Generalist und Moderator zwischen ökonomischer und kultureller Sphäre sein. Als Beruf bleibt er wohl auf Dauer eine Art Suchbild: Ganz freiwillig agiert er als Vernetzer und Übersetzer zwischen äußerst unterschiedlichen Bereichen. Siebenhaar schreibt:

Er vermittelt, schafft Synergien und sein Managementkonzept ist situations- und verhaltensorientiert. Und der Kulturmanager von heute bringt Persönlichkeit und Bildung mit, er verfügt über nie versiegende Neugier und unermüdlichen Spürsinn, rhetorisches Geschick und kunstverwandte Kreativität zeichnen ihn aus, er ist durchsetzungs- und konditionsstark, parkettfähig und strategisch versiert. Letztlich vereinigt er in sich die Fähigkeit zu konzeptionellen Höhenflügen mit der Bereitschaft, die Mühen der Ebene auf sich zu nehmen. Erwartet werden Visionen und Strategien auf der einen Seite und ein Sinn für Controlling und eine Hands-on-Mentalität auf der anderen Seite (Siebenhaar 2003, S. 11).

Allerdings darf nicht verschwiegen werden, dass die Aufgaben zunehmend unübersichtlich werden und den Kulturmanagern möglicherweise zu viel aufgebürdet wird. Hierzu Oliver Scheytt, Präsident der Kulturpolitischen Gesellschaft:

> Sie geistern immer wieder durch die Beratungen – insbesondere wenn es um die Stellenbesetzung bei Kulturinstitutionen geht: Die „eierlegenden Wollmilchsäue". Sie sollen es sein, sie sollen es richten, die hätten wir dann gerne. Eine eierlegende Wollmilchsau ist eine Persönlichkeit, die alles bietet, alles kann, alles macht, weil sie bestens geeignet ist und selbstverständlich alle Kriterien des (vielleicht gar nur vermeintlichen) Anforderungsprofils erfüllt (Scheytt 2016, S. 18).

Als Grundlage gelten nach Ansicht des Verfassers folgende sieben Voraussetzungen für (angehende) Kulturmanager, um den Beruf – mit dem sie sich hoffentlich identifizieren – professionell, zufrieden und als Berufung auszuüben:

- Kultur lieben, kennen und dafür einstehen und eine eigene kulturelle/künstlerische Qualitätsvorstellung haben!
- Systemische Zusammenhänge im eigenen Feld beherrschen!
- Projektmanagement (inkl. Mitarbeiterführung) beherrschen!
- Marketing beherrschen!
- Kommunizieren wollen und können!
- Menschen mögen!
- Sich selbst entwickeln wollen und können!

4.2 Die Qualifizierung des Kulturmanagers für das systemische Arbeiten

Es wurde schon erwähnt, dass die Anforderungen für Kulturmanager höher geworden sind und fraglich ist, ob Kulturmanager von heute den geschilderten Herausforderungen gewachsen sind. Bernd Schmid, Leiter des Instituts für systemische Beratung in Wiesloch, bringt die Problematik im Zeichen des Wandels auf den Punkt:

> Wenn der warme Wind des Wachstums in Fahrtrichtung weht, reicht Handgestricktes und Mittelmäßiges um voranzukommen und sich als großer Seemann zu fühlen. Seit schwereres Wetter angesagt ist, wird sichtbar, wie gering die Steuerungskompetenz wirklich ist. Eine Pisa-Studie des Managements und der Führung wäre sicher interessant (Schmid o. J., o. S.).

Bei der Ausbildung der (zukünftiger) Kulturmanager kommt es auf der einen Seite auf die Inhalte und auf der anderen Seite auf die Didaktik an. Letzteres ist vor allem für die Nachhaltigkeit der Lernergebnisse wichtig und für die Einschätzung, ob sich der frisch ausgebildete Kulturmanager gut auf das Arbeiten im systemischen Feld vorbereitet fühlt oder ob der Berufsstart als Kulturmanager als „Sprung ins kalte Wasser" erlebt wird.

4.2.1 Die Ausbildungsinhalte

Die Inhalte der Kulturmanagementausbildung orientieren sich sinnvollerweise am Berufsprofil zukünftiger Kulturmanager. Diese haben sich in den letzten Jahren weiterentwickelt und sind mittlerweile Teil des Curriculums vieler Ausbildungs- und Studiengänge geworden. Zu den hier vermittelten Fachkenntnissen gehören beispielsweise

- Grundlagen des Kulturmanagements und der Kulturbetriebslehre;
- Grundlagen der Kulturwissenschaft und der Kultursoziologie;
- Organisation und Organisationsentwicklung in Kulturbetrieben;
- Mitarbeiterführung und Personalentwicklung im Kulturbereich;
- Strategieentwicklung für Kulturbetriebe;
- Qualitätsmanagement und Controlling im Kulturbetrieb;
- Kulturmarketing;
- Kundenbeziehungsmanagement, Verkaufsförderung, Public Relations, Werbung und Online-Marketing für kulturelle Betriebe;
- Projekt- und Eventmanagement;
- Kultursponsoring und Fundraising für kulturelle Betriebe und
- sparteneigene Inhalte, wie Museums- und Ausstellungsmanagement, Galeriemanagement, Theater-, Opern-, Orchester- und Konzertmanagement etc.

Neben den fachlichen sind aber auch soziale, persönliche und methodische Kompetenzen zu vermitteln:

- Soziale Kompetenzen: Hier geht es im Wesentlichen um das Verhalten und die Kommunikation gegenüber anderen; aber auch um Grundeinstellungen gegenüber anderen Menschen. Wer mit anderen Menschen (Mitarbeiter, Kunden, Künstler etc.) grundsätzlich nicht zurechtkommt, wer nicht gerne kommuniziert und den anderen zuhört, wer keinen Sinn in Empathie und Vertrauensaufbau sieht, der sollte den Berufs des Kulturmanagers nicht anstreben. Die

Sozialkompetenz ist in systemischen Abhängigkeitsverhältnissen die wesentliche Kompetenz, um die Rolle des Kybernetes – des Steuermanns – überhaupt einnehmen zu können.

- Persönliche Kompetenzen: Gerade in Zeiten schneller Veränderungen müssen die eigene Selbstorganisation, das eigene Zeitmanagement und der Umgang mit sich selbst (z. B. Gesunderhaltung) funktionieren, will man arbeitsfähig bleiben und dabei nicht unter Dauerstress leiden. Der Kulturmanager als Vorgesetzter, der seine Aufgaben und Projekte im Griff hat, wirkt übrigens auch immer als gutes Vorbild für die von ihm geführten Mitarbeiter. Zu den persönlichen Kompetenzen gehört auch die Rollenkompetenz (Was wird in welcher Rolle vom Kulturmanager erwartet und wie deckt er diese Erwartungen ab?)
- Methodenkompetenz: Hier handelt es sich um eine Kompetenz, die eigentlich übergreifend wirkt. Denn für alle drei oben genannten Kompetenzbereiche sind spezielle Methodenkenntnisse notwendig: Wie führe ich für das Organisationsentwicklungsprojekt eine Stakeholderanalyse durch? Wie genau kommuniziere ich mit Sponsoren? Wie organisiere ich mich meine Arbeitswoche, bei gleichzeitiger Betreuung mehrerer Events?

4.2.2 Die Didaktik

Bei der Ausbildung von Kulturmanagern geht es um nachhaltiges Lernen. Lernen lässt sich definieren als „…der relativ dauerhafte Erwerb einer neuen oder die Veränderung einer schon vorhandenen Fähigkeit, Fertigkeit oder Einstellung" (Ott 2000, S. 35).

Wir lernen nach Ott folgendermaßen:

- 10 % durch Lesen,
- 20 % durch Hören (Vorträge/Referate etc.),
- 30 % durch Sehen (Visualisierungen),
- 80 % durch selber Sagen (eigene Vorträge/Referate) und
- 90 % durch selber Tun (Einzel-, Gruppenarbeit, Rollenspiel, Planspiel) (Ott 2000, S. 17).

Die seit langem propagierte neue Lernkultur in der Berufspädagogik wendet sich ab von der lehrerzentrierten Didaktik mit einer linearen Vermittlungsstruktur zugunsten einer auf die Lernenden zentrierten Didaktik mit vernetzter Selbstlernstruktur. Die traditionelle „Belehrungsdidaktik" verliert damit an Bedeutung zugunsten einer „Ermöglichungsdidaktik". In diesem Sinne sollten die Phasen der selbstständigen Teilnehmerübungen umfangreicher sein als die Phasen der Lehrerexposition (Siebert 2000, S. 21; Ott 2000, S. 7 und 42).

Die wichtigen Lerninhalte der Kulturmanagerausbildung müssen auf jeden Fall in das Langzeitgedächtnis überführt werden müssen. Hierzu ist es im ersten Schritt erforderlich, die Inhalte durch eigenes Handeln und Erleben und begleitende Rückmeldungen über eigenes Verhalten zu erwerben und zu vertiefen und anschließend das Gelernte zu wiederholen und zu üben. Hentze und Graf schreiben: „Expertise wird ab einem bestimmten Lernstadium nur durch praktische Erfahrung erreicht, nicht durch Auswendiglernen von Fakten und Anweisungen." (2005, S. 95).

Nach den o. g. Regeln über die Nachhaltigkeit von Lernvorgängen sollte sich eine nachhaltige Kulturmanagerausbildung logischerweise also vor allem auf eine Methodik konzentrieren, die das Mitmachen und das eigene Tun im Lernprozess fördert und fordert. Da es bei Entwicklung von Managern auch um Verhaltensänderung geht, kann der Lernerfolg auch nur durch verhaltensorientierte Methoden erlernt werden (Auch Fahrradfahren lernt man nicht dadurch, dass man ein Buch liest.). Die Ausbildung des zukünftig systemisch arbeitenden Kulturmanagers sollte auch nachhaltig gestaltet werden. Hierzu bedarf es einer gewissen Ausbildungslänge, damit sich die vermittelten Inhalte (auch über zahlreiche Wiederholungen) setzen können. Den höchsten Lerneffekt erzielen Realitätssimulationen, wie Rollenspiele, Fallstudien und vor allem das langfristig angelegte Planspiel. Mit Letzterem lässt sich – wenn es gut gemacht wird – tatsächlich die Unternehmenswirklichkeit in systemischen Abhängigkeiten simulieren – einschließlich der Herausforderungen des Wandels.

Wichtigster Aspekt der Ausbildung ist die Praxisrelevanz und die Aktivierung der Teilnehmer, um nachhaltige Lernerfolge und einen Nutzen für das Unternehmen zu verzeichnen:

> Sage es mir, und ich vergesse es;
> zeige es mir, und ich erinnere mich;
> lass es mich tun, und ich behalte es (Konfuzius 551–479 v. Chr.).

4.2.3 Fallstudien und Planspiel

Um einen hohen und nachhaltigen Lerneffekt zu erzielen, sollte der angehende Kulturmanager im Rahmen seiner Ausbildung die Gelegenheit bekommen, in einer simulierten Realität (und damit im geschützten Raum, in dem er Fehler machen darf) das erforderliche systemische Verhalten in Kulturbetrieben einzuüben. Hierzu eignen sich besonders die Methoden Fallstudie und Planspiel.

Fallstudien

Fallstudien gehören innerhalb der Lehrmethoden in der Erwachsenenbildung zu den sogenannten Simulationsverfahren. Das heißt, reale oder fiktive Fälle, Situationen und Entscheidungsabläufe werden simuliert, um so eine Basis für praxisorientierte Lernaufgaben zu generieren. Bei der Fallstudie geht es um ein komplexes Ganzes, bei dem der Lernende zunächst die Bedingungsfaktoren und die Interdependenzen des realen Falles erkennen muss. Fachgerechtes Denken und Arbeiten wird durch selbstständige Übertragung von Inhalten auf ein Beispiel erlernt. Der Lernende generiert Wissen durch die aktive Auseinandersetzung mit Problemen und Fragestellungen, womit in der Regel eine – im Vergleich zu anderen Methoden – hohe Behaltensleistung erreicht wird.

Die Fallstudienmethodik wurde bereits um 1870 an der Harvard Law School entwickelt und wird seit Beginn des 20. Jahrhunderts an der Graduate School of Business Administration der Harvard University als zentrale Lehr- und Lernmethode eingesetzt, wie auch mittlerweile in vielen anderen MBA-Studiengängen der Hochschulen anderer Länder. Während die ersten Fallstudien als Methode zunächst im Bereich der Jurisprudenz (angehenden Juristen wurde ein tatsächlicher oder ein fingierter „Fall" vorgelegt, den es zu bearbeiten galt) und der Medizin eingesetzt wurden, sind sie mittlerweile vor allem Bestandteil der wirtschaftswissenschaftlichen Ausbildung geworden.

Die Fallstudienmethodik wurde ursprünglich als eine neue Lehrmethode als Gegenwicht zur europäischen Belehrungsschule entwickelt, um Studierende gezielt auf die berufliche Praxis vorzubereiten. Die Methode überbrückt dabei die Kluft zwischen Theorie und Praxis und stellt mittlerweile eine sehr sinnvolle Ergänzung traditioneller Lehrmethoden dar, da sie tatsächlich die aktive Bearbeitung gegenüber einem eher rezeptiv-passiven Konsum des dargebotenen Stoffes in den Vordergrund stellt.

Bei Fallstudien können die Darstellungen in unterschiedlicher Weise abgefasst sein, so zum Beispiel als schriftliche Sachverhaltsdarstellungen, Dialoge oder Quellenmaterial. Die präsentierten Situationen sind häufig durch unvollständige Information und hohe Komplexität gekennzeichnet. Für die darauf aufbauenden Problem- oder Fragestellungen kann zusätzliches Material bereitgestellt werden. Die Lernenden entwerfen auf dieser Grundlage und immer in der Perspektive des Falles und der vorgegebenen Rolle Handlungsmöglichkeiten.

Grundvoraussetzungen für Fallstudien sind:

- eine lebens- und wirklichkeitsnahe Darstellung des Falls bzw. der Rahmenbedingungen;
- ein unmittelbarer Bezug zum Kenntnisstand der Lernenden, das heißt zum theoretisch vermittelten Lernstoff;

- Problem- bzw. Konfliktpotenzial in der Fallgestaltung (Was muss gelöst werden? Wofür wird eine Lösung gebraucht?);
- eine möglichst überschaubare Datenbasis.
- Die Ziele der Fallstudienmethodik in diesem Lernmodul sind:
  - dem Lernenden zu ermöglichen, komplexe unternehmerische Realitäten im Arbeitsfeld Kunst und Kultur am Praxisbeispiel zu analysieren;
  - anwendungsorientiert Wissen zum Themenbereich Kulturmanagement zu vermitteln;
  - zuvor – über die Bearbeitung der anderen Module – gelerntes Wissen einzusetzen, anzuwenden und damit zu vertiefen;
  - Lösungs- und Entscheidungsfindung zu trainieren;
  - systemische Wechselwirkungen im kulturellen Bereich zu erkennen, unter anderem durch Perspektivwechsel;
  - das Lernen selbst gesteuert zu gestalten.

Planspiel

Die zeitlich verlängerte Variante der Fallstudie ist das Planspiel. Die angehenden Kulturmanager lernen hier in einem langfristigen Lernprozess (z. B. über ein komplettes Semester) „im geschützten Raum", in (simulierten) Netzwerken, wie sie – unter sich kurzfristig verändernden Rahmenbedingungen – (schnelle) Entscheidungen fällen müssen. Das Planspiel stellt damit die etablierte Lehrmethode dar, um mehrdimensional Managementverhalten nachhaltig einzuüben. Das Planspiel kann durch theoretische Inputs in Seminarform unterbrochen werden, wobei die dort vermittelten Inhalte dann gleich im Planspiel wieder umgesetzt werden sollten. Daneben kann die Theorievermittlung natürlich auch – da wo es Sinn macht – über Maßnahmen des E-Learning erfolgen. Wesentlich für den Erfolg von Planspielen ist die Realitätsnähe und der didaktische Aufbau des Spiels sowie die Persönlichkeit, die Fähigkeiten und das Können des Planspiel-Leitenden.

Planspiele sind gerade auch eine besonders geeignete Methode für die Erwachsenenbildung: Als eine aktive Lernmethode durch learning-by-doing entspricht sie eher ihrer Reife, und ihren Lernbedürfnissen (anstatt der passiven Wissensaneignung durch Belehrung/Unterricht). Durch das eigene Mittun, Mitreden, Erarbeiten und Verarbeiten des dargebotenen Stoffs kann der Lernende mit Körper und Geist mit Wort und Tat, mit Reden, mit Hand anlegen den jeweiligen Inhalt begreifen. Der Leitende gibt lediglich den Stoff vor, erklärt das Notwendige, gibt den Anstoß und tritt dann als Beobachter und Begleiter ein Stück zur Seite. Er verfolgt weiterhin den Verlauf, gibt Einlagen, greift aber sonst nur bei Abirrungen und Verstößen ein (wobei genau diese für den Lernerfolg zu würdigen sind, weil sie in der Praxis genauso vorkommen können), beschränkt sich auf ergänzende, berichtigende Angaben und Antworten während des Lernvorgangs.

Der Verfasser hat selbst eine fast zwanzigjährige Erfahrung im Einsatz und der Leitung von Planspielen im Rahmen der akademischen Ausbildung angehender Kulturmanager. Das Planspiel wird hier eingesetzt, um angehende Kulturmanager interaktiv und nachhaltig auf die Berufswirklichkeit vorzubereiten. Innerhalb der durchgeführten Planspiele werden Themen wie Unternehmensführung, Projektmanagement, Marketing, strategisches Denken, Mitarbeiterführung, Unternehmenskommunikation, Teamentwicklung sowie der Einfluss von sich ändernden Rahmenbedingungen und die Interdependenzen verschiedener Stakeholderbeziehungen in einem fiktiven kulturellen Unternehmensalltag gespielt. Dabei kommt es für die jeweils in der Verantwortung stehende Führungskraft darauf an, sich in diesem Spannungsfeld zu behaupten und die gesetzten Ziele zu erreichen. Dieses erfolgreiche systemische Agieren hat vor allem damit zu tun, ob es dem „Systemspieler" gelingt, innerhalb des Planspiels verschiedene Perspektiven einzunehmen, d. h. Empathie für die Position der relevanten Systemmitglieder zu entwickeln. Solche Spiele ermöglichen also das Einüben erfolgreichen Handelns auch unter Bedingungen des Wandels durch:

- Identifikation von Widerständen,
- richtiges Kommunikationsverhalten,
- Einbeziehung von Machtpromotoren,
- Einsicht zur Notwendigkeit des Wandels und
- Strukturierung des Veränderungswissens.

Der angehende Kulturmanager übernimmt so auch im (Spiel-)System die Aufgabe des Steuermanns (Kybernetes). Rehm schreibt schon in den 60der Jahren zu den Vorzügen von Planspielen: „Im Spielverlauf werden die Teilnehmer durch „Einlagen" immer von neuem herausgefordert: unerwartete Ereignisse, denen die Spieler gegenübergestellt werden, Hindernisse, die sie zu überwinden, Einwirkungen, die sie zu bewältigen haben. Gebrauch des Handwerkszeugs, Suche nach Lösungsmöglichkeiten, Entscheidung und Vollzug gehen Hand in Hand." (Rehm 1964, S. 14). Das Führungskräftetraining in Planspielen führt damit zu der von der Coach-Ausbilderin Astrid Schreyögg benannten „konzeptionellen Kompetenz", bei der es darum geht, in „Zusammenhängen und mehrperspektivisch zu denken."

Die Abbildung (Abb. 4.1) verdeutlicht den Ablauf eines Planspiels: Nach einer Einführung in die Methodik des Planspiels und die fiktiven Rahmenbedingungen (z. B. Geschichte, Philosophie, Strategien, Struktur und Personalausstattung der fiktiven Kultureinrichtung innerhalb der „gespielt" wird) beginnt das Spiel in

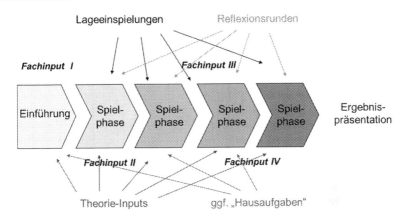

Abb. 4.1 Planspiel im zeitlichen Verlauf. (Quelle: Eigene Darstellung)

hintereinander ablaufenden Phasen. Hierbei werden die Ausbildungsteilnehmer zu Mitarbeitern der fiktiven öffentlich-rechtlichen Kultureinrichtung. Sie übernehmen im Wechsel verschiedene (Management-)Funktionen und planen verschiedene Teilprojekte eines großen Festivals. Während der Planungsarbeit werden verschiedene neue La-gen/Situationen/Anforderungen an das Team oder den jeweiligen Projektleiter/Kulturmanager eingespielt. Folgende Lageeinspielungen sind beispielsweise möglich:

- Nachfragen durch Presse
- Interventionen durch den kommunalen Träger
- Simulierte Marktforschungsergebnisse
- Neue Anforderungen/Entscheidungen durch die Geschäftsleitung
- verschiedene Anforderungen durch Stakeholder
- Kurzfristige Lageänderungen, wie z. B. bei
  - Raumkapazitäten,
  - Personal,
  - Finanzen,
  - Zeitressourcen.

Die jeweiligen Projektleiter/Kulturmanager haben über den jeweiligen Projektplanungsstand zu berichten und in Kurzpräsentationen gegenüber potenziellen Sponsoren, Förderern (Spender, Träger etc.) oder den Medien die Projekte vorzustellen. Das Planspiel wird durch theoretische Inputs eingeleitet (z. B. Grundlagen des Kulturmanagements, Kulturprojektmanagement, Kulturmarketing, Führung und Teamentwicklung in Kulturbetrieben, Controlling sowie Fundraising und Sponsoring) und unterbrochen, deren Inhalte im Anschluss unmittelbar praktisch im Planspiel eingeübt werden. Bei einem semesterbegleitenden Planspiel innerhalb einer akademischen Ausbildung sind selbstverständlich auch „Hausaufgaben" innerhalb des Planspiels zu erledigen und in der nächsten Präsenzphase zu präsentieren. Die Spielphasen werden unterbrochen durch Reflexionsrunden, in denen den Teilnehmern auf der Metaebene beispielsweise Rückmeldungen zu ihren Entscheidungen, der Kommunikation und zu ihrem (managerialen) Verhalten gegeben werden.

Die Nutzenvorteile des Planspiels liegen auf der Hand: Die Teilnehmer tauchen ein in die systemische Erlebniswelt des Kulturmanagements – aber unter geschützten Bedingungen. Sie haben die Möglichkeit, das Arbeiten in sich gegenseitig beeinflussenden Systemen zu erleben und eine Sicherheit im systemischen arbeiten zu erlangen. Durch zwischenzeitlichen Rollenwechsel erleben Sie das Arbeitsfeld aus unterschiedlichen Perspektiven. Teamarbeit wird – mit all den (auch im Spiel) möglichen auftretenden gruppendynamischen Effekten – live als Herausforderung erlebt. Das gleiche gilt für die Herausforderung der Mitarbeiterführung mit der Option, in gewissem Maße auch Geschäftsführungstätigkeiten praktisch kennen zu lernen (neue kulturelle Angebote erstellen, finanziell durchplanen und vermarkten müssen). Aus eigener Erfahrung kann der Verfasser auch bestätigen, dass ein längeres Planspiel den Teilnehmer auch viel Optimierungsbedarf bei den sozialen und persönlichen Kompetenzen aufzeigen kann.

Schluss

5

Der Kulturmanager hat zu tun mit dem Künstler und seinen Ambitionen, dem künstlerischen Tun und der kulturellen Wirklichkeit hier und ihrer profanen Notwendigkeit dort. Der Allround-Spezialist wird gesucht: Er soll die Ideen haben und die Kraft sie durchzusetzen, die fundamentalistische Besessenheit und das technokratische Know-how; die Kreativität und gleichzeitig den juristisch festen Boden, ein gutes Adressbuch, aber nicht das einer Partei und den Mut zur Extravaganz und die Standfestigkeit vor Fürstenthronen (Hoffmann und Kramer 1991, S. 120). Für den Kulturmanager ist es wesentlich, dass er das Aufeinandertreffen und Ineinanderwirken von persönlicher Anlage und den Umwelteinflüssen zu nutzen weiß (Müller und Heuser 1991, S. 198). Rahmenbedingungen und Stakeholder sind stets bei der Verfolgung der eigenen kulturellen/künstlerischen Ideen im Auge zu behalten. Hierzu muss der Kulturmanager entsprechend nachhaltig ausgebildet und auch motiviert sein.

© Springer Fachmedien Wiesbaden GmbH, ein Teil von Springer Nature 2019
E. Hoffmann, *Systemisches Arbeiten für Kulturmanager*, essentials,
https://doi.org/10.1007/978-3-658-23733-2_5

Was Sie aus diesem *essential* mitnehmen können

- Was Systemik im Kulturbereich bedeutet
- Wie systemisches Arbeiten im Kulturbereich praktisch funktioniert
- Welche Rolle der Kulturmanager in seinem System hat und was er mitbringen sollte
- Wie Kulturmanager auf die Herausforderungen des systemischen Arbeitens vorbereitet werden sollten

© Springer Fachmedien Wiesbaden GmbH, ein Teil von Springer Nature 2019
E. Hoffmann, *Systemisches Arbeiten für Kulturmanager,* essentials,
https://doi.org/10.1007/978-3-658-23733-2

Literatur

Adhibeo (2016) Managemententscheidungen bedeuten nicht immer gleich den Tod von Kreativität und Kultur. http://www.adhibeo.de/2016/08/17/kulturmanager-anforderungen-durch-unterschiedliche-stakeholder-interview/. Zugegriffen: 5. Mai 2017

Aulinger B (1992) Kunstgeschichte und Soziologie. Reimer, Berlin

Bekmeier-Feuerhahn S, Ober-Heilig N (2014) Kulturmarketing. Schäffer-Poeschel, Stuttgart

Bieta V, Siebe W (1998) Spieltheorie für Führungskräfte. Ueberreuter, Berlin

Bundesministerium für Wirtschaft und Energie (BMWi) (2017) Monitoringbericht Kultur und Kreativwirtschaft 2017. https://www.bmwi.de/Redaktion/DE/Publikationen/Wirtschaft/monitoringbericht-kultur-kreativwirtschaft-2017.html Zugegriffen: 24. Juni 2018

Burow OA et al (2002) Aktuelle und bewährte Konzepte zur Gestaltung und Moderation von Großgruppenveranstaltungen. http://www.uni-kassel.de/fb1/burow/downloads/WegweiserEntwurf.pdf. Zugegriffen: 20. Apr. 2018

Haas S (2016) Digitalisierung und Kultur: Die Stürmung des Elfenbeinturms. https://www.result.de/digitalisierung-und-kultur-die-stuermung-des-elfenbeinturms/. Zugegriffen: 5. Mai 2017

Haselbach D, Klein A, Knüsel P, Opitz S (2012) Der Kulturinfarkt. Albrecht Knaus, München

Heinrichs W (2012) Kulturmanagement, 3. Aufl. Wissenschaftliche Buchgesellschaft, Darmstadt

Hentze J, Graf A (2005) Personalwirtschaftslehre, Teil 2. UTB, Stuttgart

Hoffmann E (2003) Der Einfluss der Stakeholder auf die Qualität des Kulturschaffens, in: Handbuch KulturManagement, Ausgabe 5/2003, B 3.7. Raabe-Verlag, Berlin, S 1–24

Hoffmann H, Kramer D (1991) Kulturmanagement. In: Loock F (Hrsg) Kulturmanagement. Gabler, Wiesbaden, S 119–130

Hoppe BM, Heinze T (2016) Einführung in das Kulturmanagement. Springer, Wiesbaden

Klein A (2001) Kulturmarketing. dtv, München

Klein A (2011) Der exzellente Kulturbetrieb, 3. Aufl. VS Verlag, Wiesbaden

Konrad E (2000) Kultur-Unternehmer. Deutscher Universitätsbuchverlag, Wiesbaden

Lahnstein M (1991) Was uns Kulturmanager bieten können. In: Loock F (Hrsg) Kulturmanagement. Gabler, Wiesbaden, S 149–156

Langholz J (2011) Existenzgründung im Kulturbetrieb. VS Verlag, Wiesbaden

Malik F (2001) Führen Leisten Leben. Heyne, München

© Springer Fachmedien Wiesbaden GmbH, ein Teil von Springer Nature 2019
E. Hoffmann, *Systemisches Arbeiten für Kulturmanager,* essentials,
https://doi.org/10.1007/978-3-658-23733-2

Malik F (2009) Systemisches Management, Evolution, Selbstorganisation. Haupt, Bern

Ott B (2000) Grundlagen des beruflichen Lernens und Lehrens. Cornelsen, Berlin

Pascal B (o. J.) Zitat zu Plänen, zitiert nach Melzer. http://www.zitate-online.de/literaturzitate/allgemein/19218/weisst-du-wie-du-gott-zum-lachen-bringen.html. Zugegriffen: 9. Jan. 2018

Pichler M (2006) Der große Vereinfache. wirtschaft + weiterbildung, 19(07/08): 15–21 (Haufe, Freiburg)

Rehm M (1964) Das Planspiel als Bildungsmittel – in Verwaltung und Wirtschaft in Politik und Wehrwesen in Erziehung und Unterricht. Quelle & Meyer, Heidelberg

Scheytt, O (2016) Die „eierlegenden Wollmilchsäue" Die Risikofaktoren bei Besetzungsverfahren. In: Schuster V, Schütz D (Hrsg) KM Kultur und Management im Dialog, Nr. 113, S 18–21, https://www.kulturmanagement.net/frontend/media/Magazin_Upload/km1608.pdf. Zugegriffen: 5. Mai 2017

Schmid, B (o. J.) Zitat zu „Pisa Studie des Managements". https://de.slideshare.net/ISBlearning/systemische-professionalitt-oe-und-kulturentwicklung. Zugegriffen: 2. Apr. 2018

Schreyögg A (2003) Coaching. Campus, Frankfurt

Siebenhaar K (2003) Karriereziel Kulturmanagement. BW Bildung und Wissen Verlag, Nürnberg

Siebert H (2000) Didaktisches Handeln in der Erwachsenenbildung. Luchterhand, München

Taylor, D (2004) The naked leader. Linde Wien

Printed in the United States
By Bookmasters